지식근로자

제대로 다시 읽는 피터 드러커 ❶

피터 드러커의 인간관

지식근로자

KNOWLEDGE WORKER

| 이재규 지음 |

한국경제신문

대부분의 남녀 학생들은 교사의 지혜로운 가르침을 손쉽게 수동적으로 받아들이고 있다. 교사란 당연히 학생들보다도 더 많이 알고 있기 때문에 그것은 합리적인 것으로 보이고, 또한 독자적인 사색을 하는 수고로움을 덜어준다. 게다가 그것은 교사로부터 칭찬을 받게 되는 지름길이다. 그러나 지혜를 수동적으로 받아들이는 것이 습관이 되면 그것은 장차 학생에게 큰 재앙이 된다. 그 사람은 자신이 지도자가 되려고 노력하기보다는, 지도자를 찾고 또 받아들이며 또한 '구관이 명관이다' 라는 식으로 이미 지도자 자리를 차지하고 있는 사람을 지도자로 인정하게 된다.

-버트런드 러셀(Bertrand Russell, 1872~1970)

20세기에 경영이 기여한 것 가운데 가장 중요하고 고유한 것은 제조 분야에서 육체근로자의 생산성을 50배나 증가시킨 사실이다. 이제 21세기 경영이 수행해야 할 가장 중요한 기여는 지식작업과 지식근로자의 생산성을 향상시키는 것이다.

-피터 드러커(Peter F. Drucker, 1909~2005)

당신의 또 다른 이름,
지식근로자

최근, 국내외를 막론하고 매스컴에서 가장 즐겨 쓰는 단어들 가운데 하나가 '지식(知識, knowledge)'이다. 그리고 이 단어를 수식어로 해서 다양한 단어들이 등장했다. 예를 들면 지식강국과 지식사회, 지식기업과 지식근로자 그리고 지식작업과 지식생산성에 이르기까지 이제는 익숙하게 들리기도 한다. 사실 지식은 토지와 노동 그리고 자본이 차지하던 주요 생산요소의 자리를 급속히 빼앗고 있는 중이다. 그러나 지식이 어떻게 생산요소나 생산수단으로서 작동을 하는지 그리고 생산성 향상에 어떤 역할을 하는지에 대해서는 정확히 알지 못하고 사용되고 있다.

20세기 100년 동안 선진국은 물론이고, 우리나라에서도 농업의 생산량은 급속히 증가한 반면 GNP에서 농업이 차지하는 몫이나 노동력에서 농민이 차지하는 비율은 급감했다. 농업과 똑같은 상황이 지금 제조업에서 나타나고 있다. 제조업의 생산량은 엄청 증가했지만,

제조업 근로자 수는 분명 감소하고 있다. 농업인구의 감소로 인해 농민의 자존심이 상한 것과 마찬가지로 지금 제조업에 근무하는 육체 근로자들은 임금의 상대적 감소뿐만 아니라 자존심을, 달리 말해 황무지로부터 우리나라의 산업을 일으켰다는 자부심을 상실하고 있는 중이다. 최근에 빈발하고 있는 노동운동이 그 몸짓이다.

농업의 쇠퇴는 생산요소로서의 토지의 중요성이 쇠퇴했음을 의미하고, 제조업 근로자들의 감소는 생산요소로서의 육체노동의 중요성이 줄어드는 것을 의미한다. 그 빈자리를 지식이 대신하고 있다. 그러나 지식 일자리의 공급과 지식근로자의 공급 사이에는 큰 괴리가 있다. 그것이 오늘날 청년실업 문제의 핵심이다.

지식산업(knowledge industry), 지식작업(knowledge work), 지식근로자(knowledge worker) 등과 같은 용어들은 1960년경 두 사람에 의해 동시에, 그러나 서로 상관없이 사용되기 시작했다. 첫 번째 용어는 프린스턴대학교의 프리츠 맥클럽(Fritz Machlup, 1902~1983)이, 두 번째와 세 번째는 피터 드러커(Peter F. Drucker, 1909~2005)가 최초로 사용했다. 오늘날 모두가 이 용어들을 사용하고 있지만, 이 용어들이 인간의 가치와 인간의 행동에 대해, 사람들을 관리하고 생산성 있게 하는 데, 그리고 경제학과 경영학에서 의미하는 바가 무엇인지를 이해하는 사람들은 아직은 드물다. 그러나 이미 분명한 사실은 앞으로 본격화될 지식사회와 지식경제는 20세기 후반의 사회와 경제와는 다음과 같은 측면에서 근본적으로 다르다는 것이다.

첫째, 지식사회에 있어 지식은 핵심 자원이자 유일한 희소 자원이다. 그러므로 지식근로자는 생산수단을 소유한다는 것을 의미한다.

둘째, 근로자와 은퇴근로자들은 집단적으로 볼 때 새로운 자본가들이다. 그들은 연금기금과 투자신탁기금의 투자지분의 소유를 통해 지식사회의 많은 대기업들의 소유주(다수 주주와 대주주)가 되었으므로 그들은 전통적인 의미의 자본가들이 되었다.

셋째, 지식은 자본과 노동과는 달리 급속히 진부화되는 속성을 갖고 있다. 효과가 있는 지식은 전문화된 지식인데, 오늘날 전문적인 지식의 내용연수는 급속도로 짧아지고 있다.

넷째, 지식에는 계층구조가 없다. 예컨대, 학문의 꽃은 '철학'이다 라거나 사회과학의 꽃은 '경제학'이라는 말은 사라졌다. 특정 지식이 다른 어떤 지식보다도 더 중요하다고 할 수 없다. 지식에는 고유한 서열이 없다는 말이다.

다섯째, 지식사회는 이동사회다. 바꿔 말하면 지식사회는 누구나 성공해 사회적으로 상승 이동하기 쉬운 사회일 뿐 아니라 실패하기도 쉬운 사회다.

여섯째, 지식사회는 평등사회다. 다시 말해 지식사회는 상사와 부하로 구성된 계층사회가 아니라 고참자와 신참자로 구성된 동업자사회(partnership society)다.

이 책은 지식이 그런 환경 변화를 배경으로, 주요 생산요소로서 작동하는 지식사회의 인간 모델인 지식근로자가 목표를 달성하는 방법과 윤리를 체계적으로 설명하고 있다. 제1부에서는 지식근로자의 개념과 사회·개인의 변화를 설명하고, 제2부에서는 지식사회에서 지식근로자의 과업과 생산성 향상, 즉 자기계발 방법론을 설명하는데, 이 책의 핵심이라 할 수 있다. 제3부에서는 기대수명이 길어진 시대에서 지식근로자가 인생의 후반부를 어떻게 계획하고 관리할 것인가 하는 문제에 초점을 맞추고 있다.

지난 10여 년 동안 나는 피터 드러커 교수가 직접 저술했거나 공저자로 참여한 저서들의 대부분을 번역했다. 또한 그와 직접 만나 대화를 나누면서 언젠가 피터 드러커 경영 사상의 핵심인 '지식' 키워드를 분야별로 묶어 출판하려는 생각을 하고 있었는데, 이 책은 《지식사회》, 《지식역사》로 이어지는 3부작 시리즈의 첫 권이며 '개인'인 지식근로자에 초점을 맞춘 것이다. 이런 점에서 드러커 교수의 많은 저서들을 번역하고 연구할 기회를 제공해주신 한경BP의 김경태 대표께 그 동안의 고마움을 지면으로 전하며 기록한다.

2009년 10월
이재규

PART II 지식근로자의 과업과 자기계발

PART Ⅲ 지식근로자의 제2경력

PART I

지식근로자란
무엇인가?

지식근로자는 자신의 지식을 가장 비싼 값으로 구입해줄 곳을 찾아 국내외를 떠도
는 새로운 유목민이 되고 있다. 프랑스의 자크 아탈리(Jacques Attali, 1943~)는 지식
근로자를 뉴 노마드(New Nomad)라고 명명했고, 시계와 휴대폰, 휴대용 컴퓨터와
휴대용 건강진단기 등을 유목물품(Nomadic Objects)이라고 표현했다.

chapter 01

피터 드러커,
지식근로자의 표본

▌ 나치의 등장과 유럽 지식인들의 최후

토머스 만(Thomas Mann, 1875~1955)은 《마의 산(Der Zauberberg)》에서 다음과 같이 말했다.

"인간은 한 개인으로서 자신의 개인적인 삶을 살지만, 의식적이건 혹은 무의식적이건 자신의 시대에 일어난 획기적 사건에 영향을 받고 또한 동시대 사람들과 같은 삶을 살아간다."

피터 드러커(Peter F. Drucker, 1909~2005)는 한 인터뷰에서 이렇게 말했다.

"나는 결단코 예언을 하지 않는다. 나는 단지 창밖을 내다보고 현실을 관찰하고는, 남들이 아직 보지 못하고 지나치는 것을 파악할 뿐이다.”

토머스 만과 피터 드러커의 주장 모두 인구에 회자(膾炙)되며 두 사람의 삶 또한 후세 사람들에게 많은 영향을 미치고 있다. 그러나 두 주장을 가만히 살펴보면, 두 사람은 서로 상당히 다른 내용을 주장하고 있음을 알 수 있다. 피터 드러커는 토머스 만이 말하는 동시대의 획기적인 사건에 대해 동시대 사람들은 아직 보지 못한 것을 다르게 해석하고 그에 따라 행동했다.

1933년 히틀러가 정권을 장악하기 무섭게 취한 조치들 중 하나는 유태인 탄압이었다. 나치는 상징적 효과를 얻기 위해 알베르트 아인슈타인(Albert Einstein, 1879~1955)의 은행예금을 동결시켰다. 신변에 위협을 느낀 아인슈타인은 “나는 개인에게 법률상 평등한 권리와 언론, 학문의 자유가 부여되지 않는 국가에 더 이상 머물기를 원치 않는다”고 발표한 후 미국으로 떠났다. 1955년 아인슈타인은 프린스턴 병원에서 잠을 자다가 편안히 숨을 거두었다.

1938년 3월 12일 나치가 오스트리아를 점령했다. 이날 프로이트는 일기장에 “오스트리아는 끝났다”라고 적었다. 프로이트는 생명마저 위험했다. 그때 프로이트의 친구들과 그를 존경하는 사람들이 적극적으로 나섰다. 미국 대통령 프랭클린 D. 루스벨트(Franklin D. Roosevelt, 1882~1945)와 같은 사람들이 프로이트를 출국시키도록 나치 정부에 압력을 넣었다. 3개월 뒤인 1938년 6월 15일, 82세의 프로이트는 자신이 소장하고 있는 도서와 수집한 골동품을 가지고 영국 도버에 도착했다. 4명의 여동생들은 함께 가지 못했다. 그들 모두 70세가 넘은 고령이었다. 몇 달이 지나지 않아 프로이트의 여동생들은 모두 죽임을 당했다. 나치는 그들을 가스로 죽이고 시신을 불에 태웠다. 프로이트는 1939년 9월 23일 자정을 조금 앞두고 사망했다. 런던으로 온 지 1년 3개월만이었다.

나치가 오스트리아를 병합하자 유태인으로 분류되어 빈에 남아 있던 철학자 루드비히 비트겐슈타인(Ludwig Wittgenstein, 1889~1951)의 가족은 날벼락을 맞았다. 비트겐슈타인 자신은 1908년 이후 주로 영국에서 활동했다. 그러나 누나인 마르게리타는 미국인과 결혼해 신분상으로는 미국인이었으나 나치에게는 통하지 않았다. 비트겐슈타인 가족은 나치 당국과 접촉해 비트겐슈타인 가족의 조상이 아리안(Aryan)이라고 설득했고, 가족의 자산을 제공해 혈통 재분류에 의한 유럽 탈출을 시도했다. 당시 독일의 제국은행은 외화가 부족했기 때문에 뒷거래가 성행하고 있었다. 1939년 8월 제2차 대전 발발 1주일 전 협상은 완료되었다. 조건은 금 1.7톤을 제공하는 것이었다. 2007년 시세로 봤을 때 금 1온스가 687달러이므로 비트겐슈타인 가족의 몸값은 총 4,200만 달러였던 것이다. 비트겐슈타인은 1951년 케임브리지 교외의 한 교회 공동묘지에 묻혔다.

1940년 9월 27일 밤, 발터 벤야민(Walter Benjamin, 1892~1940)은 망명에 실패해 자살을 선택했다.

"독일 평론가 발터 벤야민이 피레네 산중에서 음독자살했다."

어느 지방 신문에 짤막하게 실린 이 기사는 히틀러의 광기가 유럽 전역을 물들이면서 촉발된 '지식인 엑서더스'를 극명하게 표현하는 것이었다.

1933년 노벨 문학상 수상작가 토머스 만은 나치에 의해 공산주의

자로 몰려 스위스로 망명해 취리히 근교에서 살다가 1942년 미국 캘리포니아로 이주했다. 그런 뒤 1952년 다시 스위스로 돌아와 그곳에서 여생을 보냈다.

1931년부터 영국에 머물고 있던 프리드리히 하이에크(Friedrich Hayek, 1899~1992)는 1938년 나치가 오스트리아를 병합하자 영국으로 귀화했다. 그리고 1951년에 미국 시카고대학교로 자리를 옮겼다. 그 후 하이에크는 이혼과 재혼, 건강 악화, 시카고대학교에서 은퇴, 유럽에 대한 향수, 유럽으로 회귀, 프라이부르크와 잘츠부르크대학교에서 강의, 그리고 자신의 말대로 지적 무기력에 대한 내적 공포와 비참한 상태를 1970년대 초반까지 겪었고 그것을 견뎌냈다. 그렇게 그는 '경제적 자유주의의 대변자'라는 이름을 남기고 1992년 93년이라는 긴 일생을 독일 프라이부르크에서 마감했다. 드러커는 하이에크의 《노예의 길(The Road to Serfdom)》과 《치명적 자만(The Fatal Conceit)》에 대해 논평한 바 있다.

슈테판 츠바이크(Stefan Zweig, 1881~1942)는 1934년 나치를 피해 영국으로 이주했다가 1941년 브라질로 갔다. 그러나 새로운 환경에 적응하지 못하고 외로움과 세상에 대한 환멸감으로 이듬해 그곳에서 자살하고 말았다.

드러커의 삶은 츠바이크의 것과 극히 대조적이었다. 츠바이크는 드러커보다 12년 먼저 빈에서 태어났다. 1933년 나치가 득세하자 드러커와 츠바이크는 각각 1933년과 1934년 영국으로 건너갔다. 두 사람 모두 유럽 상황에 절망을 느껴 드러커는 1937년 미국으로, 츠바이크는 1941년 브라질로 떠났다. 앞서 말한 대로 츠바이크는 브라질에서 유럽을 그리다가 61세에 스스로 목숨을 끊었다. 드러커는 장수해 95세의 나이로 캘리포니아에서 사망했다.

▌지식근로자, 새로운 유목민

인류의 진화는 사냥꾼 → 목동 → 농부 → 임노동자 → 육체근로자 → 지식근로자 순으로 진화해왔다. 사냥꾼과 목동은 대체로 먹을 곳이 있는 곳을 찾아 떠돌이 생활을 하는 유목민이었다. 반면 농부와 육체근로자는 토지와 공장이 있는 곳에서, 달리 표현하면 문전옥답과 공장 근처 또는 기숙사에서 기거하는 정착민이었다. 역사는 순환한다고 해야 할지 모르지만, 지식근로자는 자신의 지식을 가장 비싼 값으로 구입해줄 곳을 찾아 국내외를 떠도는 새로운 유목민이 되고 있다. 프랑스의 자크 아탈리(Jacques Attali, 1943~)는 지식근로자를 뉴 노마드(New Nomad)라고 명명했고, 시계와 휴대폰, 휴대용 컴퓨터와 휴대용 건강진단기 등을 유목물품(Nomadic Objects)이라고 표현했다.

우리나라 조선시대 때는 '출세할 자'와 '출세하지 못할 자'가 사전에 구분되어 있었다. 이 점은 20세기 중반까지는 다른 나라에서도 대체로 비슷했다. 소위 양반 가문의 자식들은 출세할 자들로 운명 지워진 사람들이었다. "양반집 담 너머로는 글 읽는 소리와 아이 울음소리가 나야 한다"는 말이 있었다. 양반집 자식은 교육을 받아 과거시험에 급제하면 출세가 보장되었다. 그러나 평민 이하의 자식들은 출세하지 못할 운명이 지워진 사람들이었다. 교육을 못 받으니 과거를 볼 수 없고, 과거를 볼 수 없으니 아예 성공할 수가 없는 것이다.

드러커의 아버지는 김나지움을 졸업한 드러커가 대학에 진학해 교수가 되기를 강력하게 원했다. 요컨대 집안 사정도 생각하라는 것이었다. 그는 "너는 장사꾼으로서의 재능이 부족하다"라는 말도 여러 번 했고, 드러커도 그 점을 인정했다. 여러 상황을 종합해볼 때 드러커는 교수의 길이 예정되어 있고 성공이 보장되어 있는, 조선시대로 말하자면 양반집 자식이었다. 대학을 졸업하면 교수로 성공이 예정된 사람이었다. 하지만 드러커는 아버지의 기대를 저버리고 1927년 독일 함부르크로 건너가 무역회사의 견습생이 되었다.

드러커의 아버지는 아들이 취직하는 것을 못마땅하게 생각하면서도 그가 일자리를 마련하는 데 도움을 주었다. 그렇지만 드러커가 고향을 떠날 때 그에게 다음과 같이 경고했다.

"직장생활을 계속하다가는 결코 박사학위를 따지 못할 것이고, 박사학위를 취득하지 못하면 너는 아무짝에도 쓸모없는 인간이 되고 말 것이야."

드러커는 몇 년이 지난 뒤 비로소 아버지가 자신에게 왜 그런 말을 했는지 깨닫게 되었다. 아버지는 그런 식으로 자극하면 아들이 참지 못한다는 사실을 잘 알고 있을 정도로 현명한 분이었던 것이다.

드러커가 스스로를 한 무리의 집단 속에 끼여 (전체주의 또는 국가와 사회의 보호 아래 아무런 생각 없이 살아가는 것이 아닌) 지식인으로서 개인적 판단을 근거로 자기관리와 책임을 통해 스스로 살아가야 한다고 처음으로 자각한 것은, 14세 생일을 맞이하기 8일 전에 있었던 한 사건 때문이었다. 즉, 1923년 11월 11일 합스부르크 왕가의 마지막 황제 카를 1세가 퇴위하고 공화제가 선포된 지 5년이 되는 날을 기념

하는 가두행진 때였다.

드러커는 퇴락하는 작은 나라 오스트리아의 수도 빈이 싫었다. 그런 상황에서 빠져나갈 수 있는 가장 쉬운 방법은 독일이나 영국에서 일자리를 얻는 것이었다. 드러커의 삶은 그 후 순탄했다고만 할 수 없다. 독일 속담에 "선택한 자는 고통을 겪는다(Wer die Wahl hat, hat die Qual)"라는 말이 있다. 속담대로 드러커는 인생의 고비마다 고통스런 선택을 하게 된다.

1934년 초 (함부르크와 프랑크푸르트에서 견습생, 박사학위 취득, 증권분석가, 기자와 강사 등 다양한 경력을 쌓고) 히틀러가 등장하자 당시 25세였던 드러커는 오스트리아를 떠나기로 결심하고 여러 곳에 작별인사를 하러 다녔다. 그 중 자신을 어릴 때부터 잘 아는 전 재무성 장관 헤르만 슈바르츠발트가 있었다. 헤르만은 드러커에게 이렇게 말했다.

"무슨 일이나 혼자 해결하려는 자네의 태도를 사실 나는 늘 높게 평가해왔지. 하지만 자네가 김나지움을 졸업하기가 무섭게 빈을 떠나 외국에서 입신하려고 했을 때는 자네를 건방진 사람이라고 생각했었네. 지난해 나치가 정권을 잡자마자 독일을 떠나기로 결심했을 때도 그랬었지. 허나 빈을 떠나겠다는 자네의 이번 결심은 옳다고 생각하네. 빈은 과거의 도시이자 몰락한 도시거든. 사나이가 일단 떠나기로 결심한 바에는 지체 없이 떠나야 해."

1937년 1월, 드러커는 런던에서 금융회사의 일을 그만두고 도리스와 결혼식을 올린 다음 곧장 미국으로 건너갔다. 아직은 히틀러가 오스트리아를 점령하기 전이라 쉽게 빠져나올 수 있었다. 1937년 미국에 정착한 드러커는 기자와 작가, 교수 노릇을 하면서 뉴욕 동부, 버몬트, 맨해튼, 클레어몬트로 옮겨 살았다. 미국에서의 68년 중 뉴욕대학교에서 정년을 맞은 후 약 25년을 보낸 클레어몬트를 제외하면, 드러커는 한 곳에서 대략 10년이 못되게 머물렀다. 드러커는 유럽에서 온 다른 많은 지식인들과 달리 태어난 유럽으로 되돌아가지도 않았고, 고향에 대한 향수도 없었으며, 오히려 고향에서부터 가장 멀리 떨어진 곳에서 죽었다. 그것도 자발적인 선택의 결과였다.

토머스 울프(Thomas Wolfe, 1900~1938)의 《그대 다시 고향에 가지 못하리(You Can't Go Home Again)》는 1920년대 도시화와 산업화로 급격히 변모하고 있던 미국 사회에서 살아가는 사람들이 겪는 소외와 부적응의 문제를 다룬 소설이다.

고향을 떠나 어두컴컴한 밤에 홀로 걷는 주인공 조지 웨버에게 이런 음성이 들려온다.

"더 위대한 앎을 위해 그대가 아는 땅을 잃는 것, 더 위대한 삶을 위해 그대가 가진 삶을 버리는 것, 더 위대한 사랑을 위해 사랑하는 사람을 떠나는 것, 내 집보다 더 정겨운 땅을, 이 땅보다 더 넓은 땅을 찾는 것은……."

세상은 계속해서 살기 좋아진다고 하고 실제로도 편리한 것들이 많이 등장했지만, 뭔가 부족하다는 생각이 들고 고향을 잃은 것 같다는 느낌이 바로 이럴 것이다.

드러커가 어떤 느낌을 받았는지는 알 수 없다. 그런데 한번 고향을 떠난 사람이 다시 고향에 정착하기란 어려운 일인지, 소설의 제목처럼 드러커도 다시는 고향에 돌아가지 못하고 떠도는 삶을 살았다. 2000년 2월 28일 한 일간지는 "세계 경영학의 대부 피터 드러커 교수가 고국 오스트리아가 주는 명예박사학위를 거부했다"는 기사를 보도했다. 이에 대해 드러커는 이렇게 말했다.

"빈경제대학의 관계자가 캘리포니아 클레어몬트로 와서 본인에게 명예박사 학위를 주기로 한 결정에 진심으로 감사합니다. 그러나 유감스럽게도 나는 이 제의를 받아들일 수 없습니다. 현 시점에서 이렇게 할 수밖에 없는 내 심정을 고국 오스트리아 정부에 대한 정치적 항의 제스처로 이해해주기 바랍니다."

2000년 2월 4일 오스트리아에서는 국제사회의 우려와 반발에도 불구하고 나치즘 성향을 지닌 극우 연립정부가 출범했다. 유럽 신나치 (Neo Nazi)세력의 대표주자 외르크 하이더가 이끄는 자유당과 볼프강 쉐셀 당수의 인민당이 오스트리아 집권 연정을 구성했다. 하이더는 뿌리부터 나치였다. 빈 경제대학의 그런 호의가 아마도 드러커로 하여금 67년 전 그 악몽을 되살리게 했을 것이다.

▌지식근로자는 태어나는가, 만들어지는가

드러커는 어떻게 해서 "다른 사람들이 미처 보지 못하는 것을 본다"고 자신 있게 주장할 수 있었는가? 천리안이라도 있다는 말인가? 드러커는 히틀러의 《나의 투쟁(Mein Kampf)》을 읽었고 그것을 그대로 믿었기 때문에 1937년 유럽을 떠났다. 드러커는 자신이 본 것을 그대로 보았고 그것을 바탕으로 행동했다. 그러나 다른 많은 수의 유럽 지식인들은 희망적인 생각 끝에 그대로 유럽에 남았으며 변을 당했다.

1949년 말 드러커는 뉴욕 컬럼비아대학교 교수로 취임하기로 결정되어 있었다. 남은 절차는 당시 총장으로 있던 드와이트 아이젠하워

(Dwight Eisenhower, 1890~1969)의 서명뿐이었다. 그런데 세상은 늘 계획대로 되는 게 아니었다. 강의 준비를 위해 컬럼비아대학교에 나갔다가 아이젠하워 총장이 재정난을 이유로 교수 채용 서명을 거부했다는 사실을 알게 되었다. 하지만 운명의 여신이 도왔는지, 1주일 뒤 뉴욕대학교에서 신설한 경영학부에 학부장으로 취임하게 되었다. 드러커는 사실 자신이 경영대학에서 교편을 잡게 되리라고는 생각하지 못했다. 운도 따랐다는 것이다. 물론 그런 기회를 잡을 수 있는 준비가 되어 있었지만 말이다.

드러커는 자신을 괴테의 《파우스트(Faust)》에 나오는 인물 린체우스(Lynceus)와 동일시했다. 《파우스트》의 마지막 장에서 악마 메피스토펠레스와 계약한 파우스트는 금지된 말을 중얼거린다.

"멈춰라! 시간은 정말 아름다워."

파우스트가 정상에 도달하기 직전, 전망탑 꼭대기에서 망을 보던 린체우스는 큰 소리로 자기 자신을 소개한다.

"보기 위해 태어났다는 것은 바깥을 내다보기만 하도록 운명 지워졌다는 뜻이다."

린체우스는 저 멀리서 무슨 일이 일어나는지 그리고 여기서는 무엇이 곧 닥쳐오고 있는지 알려주기 시작했다. 드러커는 자신은 '관찰자(observer)'이지 '참가자(participant)'가 아니며, 직접 참여를 하지 않기 때문에 한층 더 예리하게 관찰할 수 있다고 말한 바 있다. 세계가 당면하고 있는 것이 무엇인지, 희미하게 나타나고 있는 것이 무엇인지 관찰하고 보고하는 것이 지금까지 드러커가 수행한 일이었다.

▌그 세대를 위한 새로운 혁신

드러커에게서 배울 점 중 하나는 '현대 경영학의 아버지'라는 평가를 받고도 스스로 도그마에 빠지지 않았다는 것이다. 나는 예전에 드러커에게 자신의 경영사상의 후계자가 누구인지 물은 적이 있다. 그러자 그는 짧게 "No"라고 대답했다. 그는 무덤도 만들지 않았다. 누군가 찾아오려는 사람에게 부담 주지 않으려는 생각이었는지도 모른다. 그는 1985년 《혁신과 기업가정신(Innovation and Entrepreneurship)》에서 제퍼슨과 괴테의 말을 인용했다.

"토머스 제퍼슨은 자신의 긴 생애를 마감할 무렵 '어느 세대나 그 세대를 위한 새로운 혁명을 필요로 한다'고 결론 내렸다. 같은 시대 독일의 위대한 시인 괴테(비록 극단적인 보수주의자였지만)도 그가 만년에 읊은 시에서는 제퍼슨과 같은 심정을 토로했다. '한때는 그렇게도 합리적이었던 것이 이제는 무의미해지고, 은혜는 재앙의 씨앗'이 될지니."

제퍼슨과 괴테 모두 계몽주의와 프랑스혁명의 유산에 대해 그들 세대가 품고 있는 환멸을 이런 식으로 표현했다. 우리는 또한 이론과 가치 그리고 인간의 마음과 손이 만들어낸 모든 가공품은 늙고 경직되며 진부화되고 결국 '재앙의 씨앗'이 된다는 사실도 알고 있다. 따라서 혁신과 기업가정신은 경제에서 필요한 것만큼 사회에서도 필요하고, 기업에서 필요한 것만큼 공공 서비스 기관에서도 필요하다.

드러커가 인용한 보수주의적 인물인 괴테와 제퍼슨이 혁신을 강조한 것과 같이, 요제프 올브리히(Joseph Olbrich, 1867~1908)가 설계한 오스트리아의 분리파 예술회관 현관 위에는 분리파의 목표인 "한 시대에는 그 시대의 예술을, 그 예술에는 그 자유를(Der Zeit Ihre Kunst, Der Kunst Ihre Freiheit)"이라는 구호가 적혀 있다.

조금 비약하자면 드러커는 자신의 생각과 이론과 주장도 결국 혁신의 대상이 되며, 마치 자신이 프레더릭 테일러(Frederick Winslow Taylor, 1856~1915)를 재평가하고 또한 테일러를 초월했듯이, 누군가 경영학에도 '학문적 기업가정신(academic entrepreneurship)'을 가진 사람이 나타나 새로운 현실에 적합한 새로운 생각과 이론과 주장을 해야 한다는 것을 암시한 것이라고 추정해본다. 철도에서 인터넷까지, 즉 산업사회에서 지식사회의 초기에 이르기까지 자신의 이론과 통찰이 적합하겠지만, 그 후에는 새로운 통찰이 필요하다고 말하는 것은 아닐까?

지적 후계자에 대한 드러커의 관점은 독일의 사회학자 게오르크 지멜(Georg Simmel, 1858~1918)과 유사하다. 지멜은 뚜렷한 제자를 두지도 않았고 학파를 구성하지도 않았다. 지멜의 아웃사이더 의식은 세상을 뜨기 얼마 전에 남긴 일기에 잘 나타나 있다.

"나는 내가 지적인 상속자 없이 죽을 것이라는 점, 또 그래야 한다는 것을 안다. 말하자면 나의 유산은 많은 상속자들에게 현금으로 배분될 것이며, 그들은 각자의 몫을 자신의 성격에 맞도록 바꾸어 사용하게 될 것이다."

성공회 신자였던 드러커는 "너희에게 예언하는 거짓 선지자들을 믿지 말라. 그들이 말하는 묵시는 자기 마음으로 말미암은 것이요, 여호와의 입에서 나온 것이 아니다"라는 예레미아의 말처럼, 자신이 거짓 선지자가 되어서는 안 된다는 것을 인식하고 있었다.

1975년부터 드러커경영대학원에서 박사 과정을 밟았던 윌리엄 코헨 또한 나와 유사한 경험을 자신의 저서 《피터 드러커 미공개 강의 노트(A Class with Drucker)》에서 소개했다. 대학원 시절 코헨은 신입생들과 만나는 자리에서 농담조로 스스로를 이렇게 소개했다.

"반갑습니다. 나는 빌 드러커입니다. 피터 드러커의 아들이지요."

당시 드러커는 옆자리에서 다른 학생들과 이야기를 하던 중이었다. 드러커는 대화를 끝내고 천천히 고개를 돌려 코헨을 향해 말했다.

"빌, 자네가 내 아들일지 모르지만, 난 자네 아버지가 아니라네."

코헨은 아버지와 아들 같은 관계를 맺고 싶어서 그런 식으로 말했다고 설명했지만 드러커는 이렇게 덧붙였다.

"자신이 들은 정보를 비밀에 부칠 줄 모르는 사람에게 미래의 의도를 터놓는 것은 부주의한 일이지. 그건 자네 잘못이고 또 문제가 생기면 책임을 져야 하네. 우리가 뱉은 말뿐 아니라, 우리가 했거나 하지 않은 조치와 결정 모두 우리가 책임져야 하는 걸세."

▌ 지식근로자를 완성한 피터 드러커

츠바이크는 이런 말을 한 적이 있다.

"인류 역사에 결정적인 역할을 하는 것은 행동 그 자체가 아니라, 그 행동에 대한 인식과 그 행동의 영향이다."

드러커는 이렇게 말했다.

"노력과 비용은 조직의 내부에 있지만, 결과와 산출은 조직 외부에 나타나고 존재한다."

츠바이크는 드러나지 않는 인간 내면의 의식을 중요시한 반면, 드러커는 결과를 중시했다. 츠바이크는 세상이 살 만한 것인가를 따져 보는 데 고민했다면, 드러커는 세상이 살 만하도록 만들기 위해 노력했다. 드러커가 지식근로자의 자기관리를 강조한 것은 그러한 맥락이다.

드러커는 좋은 환경에서 태어나 성공이 예정되어 있었다. 그러나 만약 그렇게 예정된 삶을 살았다면, 유럽의 다른 많은 유태인 지식인들처럼 허무하게 죽임을 당했을지 모른다. 드러커는 운도 따랐지만 스스로 판단하고 행동했고, 자기계발을 했으며, 자신의 지식(혹은 자신이 가진 생산요소와 자원)을 가장 유리하게 사용할 수 있는 곳을 찾아 이동했다. 결론적으로 드러커는 '정착'이 아니라 '이동'이 특징인 지식사회의 대표적 지식근로자의 일생을 스스로 만들어갔다. 그는 자기관리와 책임을 통해 스스로를 '관찰하기 위해 태어난 사람'으로 만들었다.

chapter 02

지식근로자의
탄생

▌ 테일러의 능률적 생산과 과학적 관리

19세기 말 수십 년 동안 미국은 산업에서 전례 없이 자원을 축적한 시기였다. 그러나 축적된 자원, 개발되고 있는 기술 그리고 증가된 산업 생산성에 비해 그 많은 자원과 기술을 개발하고 조직하며 통제하고 관리하는 방법은 아주 미숙했다. 따라서 20세기의 첫 10년 동안 미국에서는 시어도어 루즈벨트(Theodore Roosevelt, 1858~1919) 대통령을 비롯한 여러 사람들이 미국의 자원 고갈에 대해 커다란 관심을 표명했다. 이러한 국가적인 관심은 천연자원에 대한 것을 넘어서서 '국가적 능률(national efficiency)'에 대한 필요성에까지 확대되었다.

물질자원과 인간자원의 오남용에 대항해 거의 30년 동안이나 투쟁을 해온 프레더릭 테일러는 철도 청문회의 결과로 화제의 인물이 되었다. 테일러는 1856년 3월 필라델피아의 부유한 변호사 집안에서 태어났다. 20세 때 하버드대학교 법학과에 합격했으나, 시력이 매우 나빠졌기 때문에 입학을 포기하고 필라델피아의 모형제작 회사에 입사했다. 하버드대학교 역사상 입학허가를 받고도 등록을 포기한 사람은 테일러뿐이었다는 말도 전해진다.

테일러는 자신의 저서 《과학적 관리의 원칙(The Principle of Scientific Management)》을 통해 국가적 능률의 필요성에 부합하는 글을 썼으며, 자신의 목적을 다음과 같이 진술했다.

첫째, 우리의 거의 모든 일상행동에 나타나는 비능률로 인해 우리 나라 전체가 고통을 당하고 있는 크나큰 손실을 일련의 간단한 예증을 통해 지적하기 위해서다.

둘째, 이러한 비능률에 대한 처방은, 어떤 특이한 또는 예외적인 인물을 찾기보다는, 체계적인 관리에 있다는 것을 독자들에게 인식시키기 위해서다.

셋째, 최선의 경영관리는 명확히 규정된 법칙, 규칙 그리고 원칙들을 기반으로 하는 진정한 과학이라는 점을 증명하기 위해서다. 나아가 과학적 관리의 기본원리는 가장 단순한 개인행동에서부터, 가장 정성스런 협조를 필요로 하는 미국의 대기업의 활동에 이르기까지 모든 종류의 인간 활동에 응용될 수 있는 것을 보여주기 위해서다.

테일러의 시대에 노동은 과거보다 크게 전문화되었으나 표준화된 방법과 절차가 불충분했으며, 작업의 조정과 통합 그리고 체계화가 부족했다. 노동의 생산성은 당연히 낮은 것으로 간주되었고, 주된 관심은 어떻게 하면 노동력을 그 잠재능력에까지 끌어올릴 수 있는가 하는 것이었다. 어떤 학자는 노동절약기구와 같은 더 나은 기계의 도입을 주장했고, 어떤 학자는 이익분배제도를 추구했으며, 여러 다른 학자들은 더 나은 절차와 방법 그리고 시스템이 해결책이라고 생각했다.

당시 젊은 기술자였던 테일러는 미국기계공학회(American Society of Mechanical Engineers) 회원이었기 때문에 기존의 해결방안들에 대해서는 일찍이 인지하고 있었다. 경험을 통해 공장의 문제들을 알고 있었으므로, 그는 노동문제에 대한 또 다른 해결방안을 제시하고자 했다. 테일러의 방안에서 혁명적이었던 부분은, 노동자에게는 그 책임을 부분적으로만 돌렸고 대부분은 기존의 경영관리방식의 오류를 찾고 있었다는 점이다.

테일러는 젊었을 때부터 사실에 기반을 두어 사물을 개선하고 재구성하려는 열정을 가지고 과학적 탐구와 조사, 실험에 매료되었으며, 일찍이 어떤 것이든 '단 하나의 최선의 방법(one best way)'에 못 미치는 것에는 대단한 불만을 가지고 있었다(테일러는 테니스 챔피언이었고 골프의 퍼트까지 고안했다).

테일러는 《과학적 관리의 원칙》에서 4가지의 기본원칙을 제시했다. 첫째는 진정한 과학의 개발, 둘째는 노동자의 과학적 선발, 셋째는 노동자의 과학적인 교육과 개발, 넷째는 경영자와 노동자 사이의 친밀한 협동이다. 그러나 이 원칙들은 서로 분리될 수 없는 것으로 테일러의 과학적 관리 원칙을 요약하면 주먹구구식이 아닌 과학, 불일치가 아닌 조화, 개인주의가 아닌 협동, 제한된 산출이 아닌 최대 산출, 각자의 최대 능률과 번영을 위한 개발로 요약된다.

▌테일러의 비전과 노조의 공격

일반적으로 미국 경영학의 시조로 불리는 테일러는, 그때까지 능률 운동을 전개했던 사람들과는 달리, 근로자에 대한 임금의 지급을 사전에 결정한 작업량의 달성 정도에 따라 차별적 임률을 적용하는 차별적 성과급제도(differential piece rate)를 제창했다. 이는 단순 성과급제에서 생기는 조직적 태업(systematic soldiering)을 극복하려고 제기된 관리기법 중 하나였다.

그 내용은 1895년의 미국기계공학협회에서 보고한 〈성과급제: 노동문제의 부분적 해결을 위한 방법(A Piece-Rate System: Being A Step toward Solution of The Labor Problem)〉에 나타나 있다. 테일러의 과학적 관리법의 핵심은 적정한 하루 일을 기준으로 계획적인 생산을 하는 과업관리(task management)였다. 과업관리를 통해 근로자의 '공정한 하루의 작업량'을 합리적으로 결정하고 이에 따라 임금도 결정할 뿐 아니라, 이를 토대로 생산을 계획적으로 관리하려는 것이었다. 또한 테일러는 노동자를 일류 시민으로 만들고 싶었다. 그가 예언했듯이 생산성 증가의 대부분을 노동자들, 마르크스식 표현으로 프롤레타리아들이 가져갔다.

공정한 하루의 일(a fair day's work)과 공정한 하루의 임금(a fair day's pay) 그리고 일류 인간(first-class man)에 대해서는 노사 양측이 모두 수긍하고 있었다. 그러나 계량적으로 '공정한 하루의 일'이 어떤 것인지에 대해서는 양측 모두 분명한 생각이 없었다. 양측 모두

불분명한 기준 때문에 분쟁이 끊이지 않았다. 따라서 테일러는 모든 작업과정의 움직임에 관한 표준시간을 정확하고 구체적으로 측정하고, 이러한 자료의 바탕 위에서 과업과 임금체계를 재조직함으로서 문제를 해결할 수 있으리라는 결론을 내렸다.

공정한 하루의 작업이라는 개념은 계획기능, 원재료와 업무의 흐름, 도구의 공급 등에서 많은 발전을 가져왔고, 각 노동자가 표준성과를 성취하는 것이 가능하도록 설계되었다. 테일러의 관리 시스템은 1903년에 발표된 《공장관리(Shop Management)》에 나타나 있다.

테일러는 자신이 제창한 시스템이 널리 소개되고 있다는 것을 알았다. 1910년 동부철도회사(Eastern Railroads)가 미국의 주간통상위원회(Interstate Commerce Commission)에 화물운임 인상을 요청했을 때, 보스턴의 변호사 루이스 D. 브렌다이스(Louis D. Brandeis, 1856~1941)는 철도회사들의 주장을 비난하고 테일러의 과업관리를 통해 요율 인하가 가능하다는 일련의 특별청문회를 갖도록 했다. 브렌다이스의 주장은 철도요금의 인상은 철도회사들의 경영관리의 비효율성 때문이므로, 철도회사들이 과학적 관리를 사용할 경우 운임 인상은 불필요하다는 것이었다. 이를 증명하기 위해 여러 증인들이 과학적 관리법이 가져오는 이득을 증언했다.

'과학적 관리'가 언론으로부터 인기를 얻게 되자 테일러는 대중으로부터도 각광받게 되었다. 청문회는 철도회사의 요구에 반대되는 결정을 내렸으나, 새로운 관리제도의 공적을 판단하기는 시기상조라는 결론을 내렸다. 특히 과학적 관리법을 철도회사가 채택할 경우 하루에 백만 달러는 절약할 수 있었을 것이라는 해링턴 에머슨(Harrington

Emerson, 1853~1931)의 증언은 원가를 의식하는 생산자들과 일반인
들에게 큰 호소력을 발휘했다. 반면에 노동단체, 특히 철도노조는 이
방법의 도입을 강력하게 항의했다. 그리고 과학적 관리를 사용하기로
한 경영자들에게는 노동분쟁을 불러들이는 꼴이 되었다.

테일러의 시대에 사회적으로 인정받는 강력한 노동조합들은 정부
소유의 병기창과 조선소였는데, 제1차 대전까지는 평화 시의 미국의
모든 무기는 이곳에서 생산되었다. 이런 노동조합들은 직업별 독점
조합이었다. 이런 노동조합에 가입할 수 있는 회원자격은 회원의 아
들이나 회원의 친척에게만 한정되었다. 회원들은 작업에 대한 비밀
을 지킬 것을 맹세했으며, 작업에 대해 비회원과 의논하는 것은 허용
되지 않았다. 따라서 테일러의 주장, 즉 작업은 연구될 수 있고, 분석
될 수 있으며, 일련의 간단하고도 반복적인 동작으로 나눌 수 있고,
각 동작은 하나의 옳은 방법으로 주어진 시간 내에 알맞은 도구를 사
용해 수행될 수 있다고 하는 것은 노동조합에게는 치명적인 공격이
었다.

노동조합의 입장에서 본 테일러의 죄는 세상에는 '숙련을 요하는
작업'이라고 하는 것은 없다고 한 그의 주장이었다. 육체노동에는 다
만 '작업'만 있다는 것이었다. 모든 작업은 똑같은 방법으로 분석할
수 있다. 그러므로 작업 분석이 보여주는 대로, 그것이 수행되어져야
하는 방식대로 작업을 할 의사가 있는 어떤 노동자도 '일류의 시민'
이 되고, '최상급의 임금'을 받을 자격이 있다는 것이다.

당시 미육군 병기감이었던 윌리엄 크로지어(William Crozier,
1855~1942) 장군은 테일러의 글을 읽고 그의 방식을 육군 병기창에

도 적용할 수 있음을 알게 되었다. 크로지어 장군은 매사추세츠 워터
타운(Water Town)과 일리노이 록아일랜드(Rock Island)에 있는 병기
창들을 시험공장으로 선택했다. 시간연구와 동작연구 등 각종 진단
절차들은 워터타운의 경우 순조롭게 진행되어가고 있었으나 문제는
다른 곳에서 일어났다. 록아일랜드의 한 근로자 단체의 대표가 시간
연구를 반대하도록 선동했기 때문이다.

1911년 노동단체들은 테일러 시스템에 대한 전면전을 벌이기 시작
했다. 이 당시 과학적 관리에 대한 일반의 관심은 철도요금에 관한
청문회 때문에 절정에 달했었다. 워터타운의 파업은 테일러 시스템
의 도입에 따른 노동자의 처우 하락 때문이라는 탄원서가 국회에 제
출되었다. 그 결과 하원은 특별조사청문회를 구성하도록 결정했다.
위원은 세 사람으로 구성되었다. 광산노조(United Mine Workers)의
전 간부이며 하원 노동위원회 의장이자 우드로 윌슨(Woodrow
Wilson, 1856~1924) 대통령 재임 시 노동성 장관을 지낸 윌리엄 윌리
엄 윌슨(William B. Wilson, 1862~1934), 같은 시기에 상무성 장관을
지낸 레드필드(William C. Redfield, 1858~1932), 그리고 유일한 공화
당원으로서 심판원 역할을 한 존 틸슨(John Q. Tilson, 1866~1958)이
그들이었다.

청문회는 1911년 10월에 시작해서 1912년 2월에 끝났다. 테일러는
4일에 걸쳐 12시간을 증인석에서 보냈다. 코플리(F. B. Copley)의 보
고서(Frederick W. Taylor, Revolutionist, Privately Printed, 1916)에 따
르면, 노조가 테일러를 괴롭히기 시작할 때는 공포 분위기가 감돌았
다고 한다. 노동조합은 테일러를 비방·중상하고, 의회로 하여금 국

영 병기창과 조선소에 대한 과업연구를 못하도록 하는 데 성공했다. 이 금지조치는 제2차 대전이 끝나고 난 뒤에도 유효했다.

▌새로운 지식의 창출

새로운 지식을 창출한 위대한 사람들, 예컨대 구텐베르크(Johannes Gutenberg, 1400~1468), 코페르니쿠스(Nicolaus Copernicus, 1473~1543), 콜럼버스(Christopher Columbus, 1451~1506), 프로이트(Sigmund Freud, 1856~1939) 그리고 아인슈타인 등은 새로운 지식을 발명하거나 발견해 인류의 삶의 수준을 한층 더 높였던 사람들이다.

구텐베르크는 금속활자라는 하드웨어를 발명했다. 그것으로 독일어 성서와 각종 서적을 값싸게 대량으로 찍어냈다. 문자 그대로 책은 불티나게 팔렸다. 그 결과 종교개혁의 불을 활활 타게 했고 르네상스 문화를 온 유럽에다 보급했다. 코페르니쿠스는 지구가 우주의 중심이 아니라는 사실을 밝혔고, 콜럼버스는 신대륙의 존재를, 프로이트는 인간 내면의 무의식을 그리고 아인슈타인은 상대성 이론을 증명했다.

그러나 프레더릭 테일러는 새로운 기술을 발명하지는 않았다. 테일러의 과학적 관리법은 재화와 용역을 생산하는 데 적용하는, 달리 말해 일을 수행하는 방법에 관한 체계적 지식이었다.

노동이라는 것은 애덤과 이브가 에덴동산에서 쫓겨날 때 벌로써 주어진 것으로 생각하는 사람들도 있고, 노동은 신성한 것이라고 주장하는 사람들도 있다. 어쨌든 일이란 인류의 탄생과 더불어 있었다. 사실상 모든 동물은 살기 위해 일을 해야 한다. 그러나 일찍부터 일의 존엄성은 입에 발린 소 일찍지나지 않았다. 일이란 노예나 하인이

하는 것이었다. 오늘날 소위 3D 업종 기피 풍조나 이공계 경시 추세
는 어쩌면 새삼스런 것도 아닐는지도 모른다. 테일러의 가장 큰 공적
은 지식인이 일에 대해 연구를 했다는 점이다.

▎산업혁명과 노동착취 그리고 육체근로자

18세기 초 영국에서는 인구증가에 따른 식량수요가 급증해 근대적인
농업의 개량 즉, 자본제적 대규모 농장경영이 필요하게 되었다. 따라
서 농장 확대를 위해, 공동 이용이 인정되던 토지에 울타리를 치거나
담을 쌓아서 사유지임을 명시하는 '인클로저 운동(enclosure move-
ment)'이 의회에서 법률로 제정됨으로써 빠르게 진행되었다. 그 결과
시골의 농지에서 쫓겨난 수많은 농민들은 도시 빈민이 되어 배회하
게 되었고 큰 사회문제로 대두되었다.

산업혁명을 통해 영국에서 가장 먼저 발달한 분야는 랭커셔 지방의
면직물 공업과 요크셔 서부의 웨스트라이딩 지방에서 발달한 모직물
공업이었다. 모직물 공업이 발달하자 원료인 양모의 수요가 급격히
증가했다. 이에 따라 양을 사육하는 목장을 만들기 위해 영주나 부농
(富農)들은 온갖 가혹한 방법으로 농민들로부터 경작지와 공동 토지를
빼앗았다. 때문에 "양(羊)이 인간을 몰아낸다"는 말이 생겼다. 많은 농
민들이 토지를 잃고 도시로 나가 공장 노동자로 취직했으나 때로는
거지나 도둑이 되기도 했다. 한편 영국의 런던과 글래스고, 맨체스터
등의 도시에는, 당시로서는 대규모인 100여 명 정도의 노동자를 고
용한 수공업 공장(manufacture)이 곳곳에 나타났다.

대대로 한곳에서 살며 농사를 짓던 사람들이 농토를 떠난다는 것은

두말할 나위 없는 비극이었지만, 대농장의 등장은 결국 농업생산성이 높아서 많은 사람들이 필요하지 않다는 것을 의미했다. 따라서 농부들은 이제 생산성이 낮은 곳으로 이동해 그곳의 생산성을 높여야 했다. 산업혁명 때는 농부가 착취를 당하는 임노동자가 되는 전환의 시기였다. 생산량을 더 늘리기 위한 유일한 방법은 '더 오래 일하거나 더 열심히 일하는 것(work longer or work harder)', 다시 말해 노동 투입의 증가뿐이라는 사실을 모두가 알고 있었다. 19세기까지 모든 경제학자들과 기술자들이 그런 신념을 갖고 있었다.

아크라이트(Richard Arkwright, 1732~1792) 등이 발명한 방적기계에 제임스 와트(James Watt, 1736~1819)의 증기기관을 탑재한 섬유기계를 설치하자 100명이나 되는 도시의 수공업 직조공들이 갑자기 실업자가 되었다. 기계를 가진 자가 100명의 굶주린 숙련공들에게 말한다.

"기계와 공장을 돌볼 사람 5명이 필요하다. 얼마를 주면 일을 하겠는가?"

한 사람이 얼른 대답한다.

"그 전에 받았던 만큼 원합니다."

다른 사람이 말한다.

"저는 매일 빵 한 덩어리와 1킬로그램의 감자만 살 수 있으면 족합니다."

또 한 사람이 말한다.

"빵 반 덩어리에 감자 500그램이면 일을 하겠습니다."

그러자 다른 사람들이 한꺼번에 말한다.

"우리도 마찬가지입니다."

기계를 가진 자는 하루 빵 반 덩어리와 감자 500그램으로 일을 하겠다는 사람들만 남고 다른 사람들은 돌아가라고 한다. 그리고는 남은 사람들에게 말한다.

"좋소. 그런데 하루에 몇 시간이나 일하겠소?"

한 사람이 말한다.

"하루에 열 시간요."

다음 사람이 말한다.

"열두 시간 일하겠습니다."

기계를 가진 자가 말한다.

"좋소. 열두 시간 일할 사람만 남으시오."

몇 명은 남고 몇 명은 떠난다. 기계를 가진 자가 남은 사람들에게 말한다.

"그런데 당신네들이 잠을 자는 동안 기계는 뭘 하지? 기계는 잠잘 필요가 없는데."

한 사람이 말한다.

"여덟 살 난 제 아들을 보내지요."

기계를 가진 자가 묻는다.

"애한테는 얼마를 주면 되지?"

그는 절망에 찬 목소리로 대답한다.

"버터와 빵 값만 주세요."

기계를 가진 자가 말했다.

"버터 값은 빼겠네."

5명의 기계공 모집은 그렇게 끝났다. 그런데 조금 지나자 이제는 직조공 500인분의 일을 할 수 있는 새로운 기계들이 더 싼 값으로 등장했다. 게다가 노동자들에게 가장 적은 임금을 주는 악덕 공장주들이 생산한 제품의 가격이 가장 쌌기 때문에, 도시의 소비자들은 악덕 공장주가 생산한 제품을 가장 많이 구입했다. 산업사회 초기의 이런 정경을 지금 상상하면 기계를 가진 자들, 즉 자본가들의 횡포에 공분(公憤)을 느낀다. 하지만 침착하게 생각해보자. 오늘날 방적공장은 컴퓨터 앞에 앉은 사무직원 몇 명을 제외하면 육체근로자는 한 명도 고용하지 않고 완벽히 무인자동화 시스템으로 가동되고 있다. 지금 그 방적공장 노동자들의 후예들은 지금 어디서 어떻게 살고 있는가? 초기 산업사회보다 더 못 사는가?

그로부터 100여 년의 세월이 흘러 프레더릭 테일러의 시대는, 착취를 당하던 임노동자가 일에 과학적 관리법을 적용하는 육체근로자로 변신하던 시기였다. 테일러는 일하는 방식을 과학적으로 바꾸면 노동투입의 증가 없이도 생산성을 향상시킬 수 있다고 믿었다. 작업에 대한 지식의 적용은 생산성을 폭발적으로 증가시켰다.

테일러는 노동자가 태업을 하는 데는 3가지 이유가 있다고 지적했다. 첫째, 각 개인이나 각 기계의 산출고가 증가하면 그 업종에 속한 많은 노동자들이 실직하게 된다는 생각이 만연되어 있다. 둘째, 주먹구구식 관리법(rule of thumbs)이 일반적으로 행해지고 있기 때문에 노동자는 고의로 게으름을 피우거나 작업 속도를 늦추게 된다. 셋째, 비능률적인 주먹구구식 방법 때문에 노동자는 노력의 대부분을 허비하고 있다. 테일러는 《과학적 관리의 원칙》을 저술한 목적도 바로 이 점을 증명하려는 것이라고 쓰고 있다.

테일러는 다음과 같은 에피소드를 인용하고 있다. 이제 겨우 열두 살밖에 안 되었지만, 골프장에서는 고참인 골프공 줍는 소년이 신참에게 다음과 같은 처세술을 가르친다.

"너무 열심히 공을 주워서는 안 돼. 공이 떨어진 곳으로 손님이 걸어와도 조금 기다리게 해야 해. 우리는 시간당 정해진 급료를 받고 있거든. 그러니 빨리 주우면 주울수록 그만큼 공 한 개당 받는 보수가 적어지는 셈이야. 그리고 너무 열심히 일하면 다른 캐디들에게 야단 맞는다."

요약하면 농업혁명은 사냥꾼과 목동을 농부로 바꾸었고 산업혁명은 농부를 임노동자로 바꾸었으나, 그들의 생활수준을 높이는 데는 그다지 성공하지 못했다. 그러나 테일러는 남아도는 임노동자들을 육체근로자로 변신시켰고, 소득을 증가시켰으며, 그 결과 육체근로자들의 삶을 바꾸었다.

오늘날 정리해고니 비정규직이니 하는 말들은 결국 제조업의 생산성, 달리 말해 육체노동의 생산성이 향상된 결과 더 이상 육체근로자들을 필요로 하지 않게 되었음을 암시하는 것이다. 따라서 육체근로자들은 보다 생산성이 낮은 곳으로 이동해 그곳의 생산성을 높여야 한다.

앞으로 필요로 하는 것은 근육을 사용하지 않는 지식근로자들의 생산성이다. 지식을 지식에다가 적용할 것을 요구하는 것이다. 산업혁명 시대에는 여전히 도제교육이 성행했다. 이제 정규교육에 의해 습득되는 정상적 지식은 중요한 개인적 자산이고 또한 중요한 국가경제적 자원이다.

▌사회 변화와 지식혁명

장기적인 '단 하나의 최고의 방법(One Best Way)'은 없다. 테일러도 말년에 이것을 인정했다. 따라서 조직은 내부 정보의 효율적 이용뿐만 아니라, 기업의 존속과 성장에 영향을 줄 수 있는 외부 정보(외부효과, 혁신 기회 등)에 관심을 기울여야 하고 환경 변화를 성장 기회로 전환할 수 있는 능력을 갖춰야 한다.

조지프 슘페터(Joseph Schumpeter, 1883~1950)가 혁신과 기술(외부효과)을 경제 발전의 내생변수로 인식했듯이, 드러커는 환경 변화를 혁신의 기회로 인식했다. 슘페터는 시장의 안정이란 불안정과 불균형 사이에 끼인 단기적 일시적 균형 상태로 보았다. 다시 말해 One Best Way는 본질적으로 일시적인 현상이다. 이를 바탕으로 드러커는 조직은 One Best Way를 추구할 것이 아니라 환경 변화를 성장의 기회로 활용하기 위해 끊임없이 기업이론을 재검토하고, 체계적인 폐기를 추진할 것을 주장한다.

지식사회의 2가지 인프라는 고등교육을 받은 지식근로자와 컴퓨터와 인터넷의 보급인데, 미국에서 고등교육이 보편화된 것은 1944년 미국의 제대군인 원호법(GI Bill of Rights)이 통과되었기 때문이다. 그 후 고등교육을 받은 지식근로자들이 노동력의 중심이 되었고, 지식근로자는 '지식을 다른 지식들에 적용(knowledge is being applied to knowledge itself)' 해 지식생산성을 높이고 있는 중이다.

1960년대 초 이후 우리나라의 기업환경과 문화 그리고 인구통계 변화는 급속히 빨라졌다. 그 가운데 하나가 지식수준이 급속도로 향상되고 지식근로자가 대거 등장했다는 점이다. 1994년 고교졸업자가 대학을 진학한 비율은 62퍼센트였으나, 2008년에는 84퍼센트로 증가해 미국 바로 다음 수준이다. 이는 우리나라가 서구사회를 능가하는 속도로 급속히 지식사회로 변하고 있고, 이는 노동력의 중심이 지식근로자로 이동하고 있다는 것을 의미한다.

"정치를 잘하기 어려운 이유, 달리 말해 백성을 다스리기 어려움은 (정치인 또는 임금이 추측한 것보다) 백성들에게 지혜가 많기 때문이다."

2,000년 전 노자(老子)가 한 말이다. 우리나라가 지식사회가 되었다는 것은 근로자 개개인이 자신의 문제를 판단하고, (많은 제한에도 불구하고) 창의적으로 해결할 능력이 있다는 것을 의미한다.

바다의 파도와 표면 물결은 (마치 빙산의 일각처럼) 우리 눈에 보이는 것일 뿐이며, 그 밑에는 우리가 보지 못하는 해류가 움직이고, 더 밑에는 움직이지 않는 커다란 심해가 있다. 마치 피라미드와 같은 모양이다. 큰 폭풍우가 불면 높고 험한 파도가 일지만 심해는 영향을 받지 않고 해류 또한 자신의 논리대로 흘러간다. 그리고 폭풍우가 가라앉으면 험한 파도도 곧 잠잠해진다.

드러커의 저서에 종종 언급되는 역사가 페르낭 브로델(Fernand Braudel, 1902~1985)은 자신의 역사관을 이런 바다의 이미지를 이용해 세계 역사를 삼분하는 체제로 서술한다. 눈에 잘 띄는 상층, 큰 변화가 없는 중간층, 그리고 맨 아래층이 있다. 역시 피라미드 구조다. 브로델은 3가지 층의 구성원들이 (물론 서로 얽히기도 하지만) 아래에서 위로 올라가는 경우는 드물고, 각각의 층에는 각각의 논리에 따라 살고 있다고 보았다. 브로델은 우리 눈에 가장 잘 띄는 변화는 상층이지만 그 변화는 그다지 오래가지 않으며, 그 아래 중간층 중심의 시장경제와 하층부의 물질문명은 조용히 그대로 유지된다고 생각했다. 전쟁이나 혁명과 같은 큰 사건은 30~70년 동안 영향을 미친다. 그 후 사회는 마치 태풍이 지난 뒤 조용한 바다처럼 연속성이 지속된다.

여기에 브로델의 역사관과 다른 역사가들의 그것 사이에 차이가 있다. 다른 역사가들은 세계사의 정치적·경제적·사회적 변화에 초점을 맞추었지만, 브로델은 세계사는 변하지 않는 측면이 더 많다고 보고, 인간을 이해하기 위해 장기적이고 지속적인 무변화를 관찰해야 한다는 입장이다. 이 점은 피터 드러커의 역사관, 즉 연속과 변화의 관점과 동일하다.

그러나 사회는 연속성이 지속된다고 해도 사회를 구성하는 어느 층에서는 항상 변화가 일어나고 있다. 변화를 야기하는 요소는 불평등이다. 물론 불평등이 오래 지속되는 것은 바람직하지 않지만 현실 세계에 불평등은 불가피하다. 사회의 1퍼센트가 굶으면 별로 문제가 되지 않는다. 그러나 80퍼센트가 굶으면 사회혁명이 일어난다. 마찬가지로 사회의 1퍼센트가 지식인인 사회(귀족사회와 양반사회)는 별로 달라 질 것이 없다. 그러나 80퍼센트가 지식인이면 지식혁명이 일어난다. 책을 필사해야 했던, 극소수의 엘리트들만 지식을 흡수할 수 있는 사회에서 지식은 혁명을 낳지 못한다. 그러나 인쇄술은 지식을 광범위하게 보급했고, 그 결과 인쇄혁명은 종교혁명을 야기했다.

인터넷은 누구나 지식과 정보에 접근할 수 있도록 만들었다. 구글(Google)이 등장한 후 사람들은 "몰랐다"라는 말을 할 수 없게 되었다. 21세기는 지식혁명의 시대다. 브로델 식으로 말하면 불변하는 중간층과 아래층을 구성하는 사람들도 대부분 지식근로자가 되었으므

로, 사고방식과 일하는 방식과 삶의 방식 등에 불평등을 제거하고자
하는 혁명이 일어나고 있는 것이다.

PART II

지식근로자의
과업과 자기계발

육체근로자들이 20세기의 사회 및 정치 측면에서 지배적 세력이었던 것처럼, 지식
기술자들이 다음 수 세대에 걸쳐 사회의 그리고 아마도 또한 정치의 지배적 세력이
될 가능성이 높다.

chapter 03

지식근로자의 자기관리

▌지식경제의 중심이 된 지식근로자

새로운 지식경제는 지식근로자에게 크게 의존한다. 현재 지식근로자라는 용어는 상당한 수준의 이론적 바탕을 갖고 있고, 교육을 받은 사람을 지칭할 때 폭넓게 사용된다. 예를 들면 의사, 변호사, 교사, 회계사, 과학자 등이다. 하지만 앞으로 가장 뚜렷하게 증가할 부류는 '지식기술자(knowledge technologist)' 일 것이다. 컴퓨터 기술자, 소프트웨어 디자이너, 임상실험실 분석가, 제조기술자, 법률 전문가가 그 예다. 지식기술자들은 지식근로자인 동시에 육체근로자이기도 하다.

사실 그들은 대체로 두뇌보다는 손으로 하는 작업에 더 많은 시간을 소비한다. 하지만 그들의 육체작업은 도제방식이 아니라 오직 정규교육을 통해서만 획득될 수 있는 이론적 지식에 기초하고 있다. 대체로 그들은 전통적인 숙련 노동자보다 훨씬 더 많은 보수를 받는 것은 아니지만, 스스로를 '전문가(professional)'로 인식한다. 마치 미숙련 육체근로자들이 20세기의 사회 및 정치 측면에서 지배적 세력이었던 것처럼, 지식기술자들이 다음 수 세대에 걸쳐 사회의 그리고 아마도 또한 정치의 지배적 세력이 될 가능성이 높다.

▌길어지는 지식근로자의 기대수명, 짧아지는 조직수명

지식사회에서는 작업 현장의 많은 사람들과 지식근로자들 대부분이 스스로를 관리해야 한다. 그들은 그들이 최고로 기여할 수 있는 분야를 스스로 찾아가 자리를 잡아야 한다. 또한 그들은 자신을 계발하는 방법을 스스로 배워야 한다. 그들은 50여 년 동안의 근로생활(working life) 동안 육체적으로는 젊고 정신적으로는 활기를 유지하는 법을 배워야 한다. 그들은 그들이 하고 있는 것을 어떻게, 언제 바꿀지 알아야 한다.

지식근로자들의 근로생활 수명은 그들을 고용하고 있는 조직의 수명보다도 더 길 것 같다. 비록 지식근로자들이 노동시장에 참여하는 시기를 가능한 한 뒤로 연기한다고 해도, 평균 근로생활은 50년쯤 될 것 같은데, 지식근로자에게는 각별히 그렇게 될 것 같다. 예컨대 박사학위를 취득하기 위해 20대 후반까지 여전히 학교에 머무른다 해도, 선진국의 현재 기대수명을 감안할 때 그들은 80세는 훨씬 지나 90세까지 살 것 같다. 그리고 그들은 (비록 파트타임일지라도) 75세 또는 그 이상이 될 때까지도 계속 일을 해야 할 것 같다.

그러나 성공적인 기업의 평균 기대수명은 겨우 30년밖에 되지 않는다. 특히 지금 우리가 살고 있는 대혼란의 시기에는 그 정도로 오래갈 것 같지도 않다. 영원히 존재할 것으로 기대할 수야 없지만 일반적으로 장기적으로 존속하는 것이 당연한 조직들, 예를 들면 각종 학교와 대학, 병원 그리고 정부기관마저도 급속한 변화를 맞게 될 것이다. 비록 그런 기관들이 살아남는다 해도 그들은 조직구조를 바꿀 것이고, 그들이 하고 있는 작업을 바꿀 것이며, 그들이 필요로 하는 지식도 바꿀 것이고, 그들이 고용하는 사람의 종류도 바꿀 것이다.

그러므로 근로자들, 특히 지식근로자들은 어느 특정 고용기관보다도 점점 더 오래 살 것이고 그리고 단 하나의 직업이 아니라 여러 직업들을 가질 준비를 해야 하고, 단 하나의 과업과 단 하나의 경력만으로는 안 되며 그 이상을 준비해야 한다.

오래도록 살면서 많은 업적을 남긴 위대한 성취자들, 예컨대 피카소(92세), 카잘스(97세), 미켈란젤로(89세) 등은 언제나 자기관리를 해왔다. 크게 보면 긴 수명이 그들을 위대한 성취자로 만들었다. 그러나 그들은 예외적 인물들 가운데서도 최고로 우수한 사람들이다. 지금은 가장 평범한 사람마저도, 다시 말해 평균적인 사람마저도 스스로를 관리하는 법을 배워야 한다. 그러므로 지식근로자는 새로운 요구에 엄숙히 직면하게 된다. 그들은 자기 자신을 알기 위해 다음과 같이 질문을 스스로에게 던져야 한다.

〈강점관리〉
첫째, 나의 강점은 무엇인가?

〈성과관리〉

둘째, 나는 어떻게 성과를 올리는가?

셋째, 나는 읽는 자인가 듣는 자인가?(나는 정보를 어떻게 수집하는가?)

넷째, 나는 어떻게 배우는가?

다섯째, 나는 일을 어울려서 하는가, 혼자 일하는가?

〈가치관관리〉

여섯째, 나의 가치는 무엇인가?

〈공헌관리〉

일곱째, 나는 어디에 속하는가?

여덟째, 내가 기여해야 할 것은 무엇인가?

▌지식근로자 모두가 CEO

하이에크는 "우리 모두가 기업가다"라고 말했다. 자기관리와 관련한 변화와 도전은, 비록 보다 더 근본적인 변화와 도전이라고까지 할 것은 아니라 해도 명백한 것으로 보이는 듯하다. 그리고 그 해답들도 순수하다고 할 정도로 자명하게 들릴지 모른다.

자기관리는 인간생활에 있어 하나의 혁명이다. 그것은 개인으로부터, 특히 지식근로자로부터 새롭고도 전례 없는 어떤 것을 요구한다. 왜냐하면 사실상 그것은 각각의 지식근로자로 하여금 CEO처럼 생각하고 행동하기를 요구하기 때문이다. 그것은 또한 우리들 대부분이, 생각하는 방식으로 그리고 행동하는 방식으로서 여전히 당연하다고 여기는 지식근로자의 사고방식과 행동양식을 180도로 바꿀 것을 요구한다.

또한 과업 그 자체가 지시하든 상사가 지시하든 간에, 지시 받은 대로 일하는 육체근로자로부터 스스로를 관리해야 하는 지식근로자로의 이동은 기존의 사회 구조에 심각하게 도전한다. 기존의 모든 사회는, 심지어 최고의 '개인주의자' 마저도, 비록 무의식적일 망정 2가지 사항은 당연하다고 간주한다. 즉, 조직은 근로자들보다 수명이 더 길며, 대부분의 사람들은 한 곳에 머무르며 산다고 간주한다. 반면 자기관리는 정반대의 현실에 기초한다. 근로자들은 조직보다도 수명이 더 길 것이고 지식근로자는 이동성향이 높다는 현실 말이다.

미국에서 이동성(mobility)은 당연시되고 있다. 그러나 미국에서마저도 조직보다 수명이 더 긴 근로자라는 개념은, 그리고 그와 더불어 제2의 인생과 다른 종류의 후반부 인생에 대해 준비할 필요성은 실질적으로 혁명이다.

최대의 도전에 직면해 있고 또한 가장 어려운 변화를 겪어야 할 선진사회는 지난 50여 년 동안 가장 성공적이었던 사회, 다시 말해 일본이다. 일본의 성공은 거의 대부분 조직적 비이동성(organized immobility)에 바탕을 두고 있다. '종신고용' 이라는 비이동성이 그것이다. 종신고용제도 아래서 개인의 생활을 통제하는 것은 조직이다. 그것은 또한 개인이 선택의 여지가 없다고 가정한다. 결론적으로 개인은 관리당하고 있는 것이다. 다른 모든 선진국도 마찬가지다. 자기 자신을 관리할 수 있고 또한 관리해야 하는 지식근로자의 등장은 사회의 모든 것을 바꿔놓고 있다. 드러커의 이런 분석은 우리나라에도 그대로 통한다.

▌피드백 분석과 행동 결론

대부분의 사람들은 자신들이 잘하는 것(강점)이 무엇인지를 알고 있다고 생각한다. 하지만 공교롭게도 그들 대부분은 잘못 생각하고 있다. 사실은 잘하지 못하는 것(약점)을 더 잘 알고 있다. 그런데 심지어 그 점에서도 옳기보다는 틀리고 있다. 더욱이 사람이란 자신의 강점으로만 성과를 올릴 수 있다. 사람은 (자신이 전혀 할 수 없는 어떤 것은 더 말할 것도 없고) 약점을 바탕으로 성과를 쌓아 올릴 수 없다.

수십 년 전까지만 해도 거의 대다수의 사람들에게 그들 자신의 강점을 안다는 것은 적절하지 않은 일이었다. 사람은 애초부터 어떤 직무에 그리고 어떤 종류의 직업에 적합하게 태어났다. 농부의 아들은 농부가 되었다. 만약 그가 농부로서 적합하게 태어나지 않았다면 그는 실패했다. 마찬가지로 예술가의 아들은 예술가가 되고, 그 외에도 비슷하다. 그러나 지금 사람들은 많은 것을 선택할 수 있다.

야콥 부르크하르트(Jacob Christoph Burckhardt, 1818~1897)는 세계 역사란, 자유를 향한 발전 과정으로서 고대 동양에서는 황제 한 사람만 자유로웠고, 고대 그리스 로마에서는 일부 사람(귀족)만 자유로웠지만, 21세기에는 모두가 자유롭게 된다고 보았다. 그러므로 지식근로자들은 자신들의 강점을 알아야 하고, 그래서 그들이 어디에 적합한지를 파악해야 한다.

자신의 강점을 발견하는 한 가지 방법이 있다. '피드백 분석(feed-back analysis)' 이다. 사람이 결정적 의사결정을 할 때마다, 그리고 결정적 행동을 할 때마다 앞으로 무엇이 일어날지 자신이 기대하는 것을 기록해둔다. 그리고 9개월 또는 12개월이 지난 뒤 기대했던 것과 실제 결과를 비교한다. 드러커는 오래 전부터 이 방법을 실행해오고 있다고 말한다.

이것은 전혀 새로운 방법이 아니다. 캘빈주의의 창시자 제네바의 장 칼뱅(Jean Calvin, 1509~1504)과 예수회 창시자 스페인의 이그나티우스 로욜라(Ignatius Loyola, 1491~1556)는 서로 서로 모르는 사이였지만, 이 아이디어를 선택하고는 자신이 주도하는 집회의 모든 구성원들을 위한 규칙으로 삼았다. 그것이 이 두 새로운 기관(모두 같은 해인 1536년에 창설)이 30년 만에 유럽을 휩쓴 이유를 설명해준다. 캘빈주의는 프로테스탄트가 지배하는 북부 유럽에서, 예수회는 가톨릭이 지배하는 남부 유럽에서 말이다.

비교적 짧은 기간 안에, 아마도 2년 또는 3년 내에, 그 간단한 방법은 사람들에게 그들의 강점이 어디에 있는지를 처음으로 알려 줄 것이다. 그것은 아마도 자기 자신을 아는 데 가장 중요한 방법일 것이다. 그것은 그들이 한 일, 또는 그들의 강점으로부터 완전한 결과를 산출하지 못하고 실패한 일을 지적해줄 것이다. 그것은 그들이 특별히 무능한 분야도 제시해줄 것이다. 그리고 마지막으로 그것은 강점이 아닌 분야 그리고 수행능력이 떨어지는 분야를 밝혀 줄 것이다.

피드백 분석에 뒤이어 몇 가지 행동 결론(action conclusion)을 내리게 된다.

첫째, 가장 중요한 결론은 당신의 강점에 집중하라는 것이다. 그리고 당신의 강점이 성과와 결과를 산출할 수 있는 분야에 당신의 자리를 잡아야 한다는 것이다.

둘째, 당신의 강점을 개선하도록 하라. 피드백 분석은 기술 향상이 필요한 분야 또는 새로운 지식을 습득해야 할 분야를 재빨리 보여준다. 그것은 기술과 지식이 더 이상 적합하지 않고 또한 최신의 것으로 바꾸어야 할 분야가 어딘지도 보여줄 것이다. 그것은 또한 어떤 사람이 보완해야 할 지식 격차가 무엇인지 확인해줄 것이다. 사람은 대개 소질이 없는 어떤 기술 또는 지식도 충분히 습득할 수 있다. 우수한 수학자는 태어난다. 그러나 거의 모든 사람은 중고교 시절 기하학을 배울 수 있다. 그리고 그것은 외국 언어에 대해서도 마찬가지고, 또한 역사나 경제학 그리고 화학과 같은 주요 학문에서도 그렇다.

셋째, 피드백 분석은 사람을 '무능하게 만드는 무식(disabling igno-rance)'을 불러일으키는 '지적 오만(intellectual arrogance)'을 바로 잡아준다. 많은 사람들이, 특히 어떤 분야에 지식 수준이 매우 높은 사람들이 다른 분야의 지식에 대해 경멸하거나, 한 분야에서의 '뛰어남'이 다른 분야에 대해 '아는 것'의 대체물인 것으로 믿고 있다. 게다가 피드백 분석은 빈약한 성과를 내는 주요 이유는 충분히 알지 못한 데 따른 단순한 결과이거나, 또는 자신의 전문 분야가 아닌 분야의 지식에 대해 경멸한 결과라는 것을 곧 밝혀준다. 일류 엔지니어들은 인간에 대해 아무 것도 모른다는 사실을 자랑 삼아 말하는 경향이 있다. 마치 인간이란 훌륭한 엔지니어의 의식구조에 비추어볼 때 너무나 무질서한 존재인 듯 말이다. 그리고 회계사들 역시, 인간에 대해 알 필요가 없다고 생각하는 경향이 있다. 정반대로 인적자원에 대해 연구하는 학자들은 기초적인 회계학 지식이나 계량적 방법에 대해 전적으로 무식한 데 대해 그들 스스로 자부심을 갖고 있다. 해외에서 근무하는 우수한 최고경영자들은 간혹 우수한 기업경영 능력만 있으면 충분하다고 생각하고는 자신들이 활동할 해당 국가의 역사, 문화 그리고 전통에 대해서는 무시하는 경향이 있다. 따라서 이런 피드백 분석에서 도출되는 하나의 중요한 행동 결론은 지적 오만을 극복하고, 자신의 강점을 충분히 발휘하는 데 필요한 기술과 지식을 얻도록 노력하도록 하는 것이다.

넷째, 또 다른 중요한 행동 결론은 자신의 나쁜 습관을 고치는 것이다. 목표 달성 그리고 성과 향상을 가로막는 일을 하거나 또는 해야 할 일을 하지 않는 잘못된 습관을 고치는 것이다. 그런 것들은 피드백 분석을 통해 곧 드러난다. 예를 들면 피드백 분석은 계획입안자의 멋진 계획이 그가 계획을 사후관리하지 않은 탓으로 실패했다는 것을 밝혀주기도 한다. 수많은 우수한 사람들이 늘 그런 것처럼, 그들은 아이디어가 산을 옮기는 것으로 믿는다. 그러나 산을 옮기는 것은 불도저다.

다섯째, 피드백 분석은 어떤 사람이 상황에 적합한 예의를 갖추지 못했기 때문에 결과를 얻는 데 실패한 사실도 밝혀준다. 우수한 사람들은, 특히 우수한 젊은 사람들은 흔히 예의가 조직의 '윤활유' 역할을 한다는 것을 이해하지 못한다. 상호 접촉하는, 움직이는 두 물체는 마찰을 유발한다는 것은 자연법칙이다. 서로 만나는 두 사람은 늘 갈등을 일으킨다. 그러므로 서로 좋아하든 싫어하든 간에, 예의는 움직이는 두 사람이 함께 일하도록 해주는 윤활유다. '죄송합니다', '고맙습니다' 하고 인사하기, 상대방의 생일이나 이름을 기억하기, 가족에 대한 안부 전하기 등과 같은 간단한 것이다.

피드백 분석은 우수한 계획이, 여러 사람의 협력을 받을 필요가 있을 때마다 재삼 되풀이해서 실패한다면, 그것은 어쩌면 예절의 부족

즉 상황에 적합한 예의가 부족한 때문인 것을 밝혀준다.

▌ 무엇을 하지 말아야 하는가

피드백 분석을 통한 그 다음의 행동 결론은 무엇을 하지 말아야 하는 가이다.

첫째, 기대와 결과를 분석해보면, 절대로 아무런 시도도 하지 말아야 할 분야가 어떤 것인지 즉각 밝혀진다. 그것은 어떤 사람이 필요한 최소의 능력마저도 갖고 있지 않는 분야를 확인해준다. 그리고 그런 분야는 어떤 사람에게도 언제나 많이 있는 법이다. 어떤 분야에 대한 일류의 기술 또는 일류의 지식을 단 하나라도 갖고 있는 사람들마저도 그리 많지 않다. 뿐만 아니라 우리 모두는 타고난 재능도 없고 기술도 없으며 심지어 보통 수준이나마 될 정도의 기회마저도 없는 분야와 부딪히게 된다. 그러므로 사람은, 특히 지식근로자는 그런 분야에 대해서는 연구를 해서도 임무를 맡아서도 지명을 받아서도 안 된다.

둘째, 역량이 낮은 분야를 개선하는 데는 가능한 한 노력을 기울이지 말아야 한다는 것이다. 집중적인 노력을 기울여야 할 곳은 높은 역량과 높은 기술이 있는 분야다. 일류의 성과를 내는 분야와 최우수 분야를 개선하기 위한 것보다는 역량이 부족한 분야와 평균 이하의 분야를 개선하는 데 훨씬 더 많은 에너지와 노력이 필요하다. 그런데도 대부분의 사람들은 (교사들 그리고 조직들도 마찬가지로) 역량이 부족한 사람을 평균 이하의 성과밖에 얻을 수 없는 과업에다 집중시키려고 노력한다. 그렇게 하지 말아야 한다. 역량 있는 사람이 보유한 에너지와 자원 그리고 시간은 그를 더욱 뛰어난 성취자로 만드는 데 투입해야 한다.

지식근로자의
성과관리

▌일하는 방법에 따라 다른 성과관리

"나는 어떻게 성과를 올리는가?"라는 물음은 지식근로자에 대해 "나의 강점은 무엇인가?"라는 물음만큼 중요한 질문이다. 사실, 그것은 한층 더 중요한 질문일지도 모른다. 놀랍게도 자신이 어떻게 일을 하는지 아는 사람들이 너무나 적다. 또 다른 한편으로는, 우리들 대부분은 다른 사람은 다른 방법으로 일하고, 다른 방법으로 성과를 올린다는 것마저도 모른다. 그러므로 그들은 그들만의 독특하고도 고유한 방식이 아닌 방식으로 일을 한다. 대체로 그것은 비성과(non-performance)를 보증하는 첩경이다.

자신들이 어떻게 성과를 올리는지에 대해 그토록 많은 사람들이 모르고 있는 주요 이유는, 아마도 역사를 통틀어 학교가 어쩔 수 없이, 학생이 학업을 수행하는 데는 오직 하나의 방법뿐이라고 가르쳤기 때문이 아닌가 한다. 40여명의 젊은 학생들로 가득 찬 교실을 운영하는 교사는 솔직히 각각의 학생들이 어떻게 공부를 하고 있는지 파악할 시간이 없다. 따라서 교사는 모든 학생이 같은 과목을 같은 방법으로 같은 시간에 하도록 강조하지 않을 수 없다. 역사적으로 모든 사람은 공부할 때 단 하나의 방법밖에 없는 것으로 알고 자랐다. 아마도 여기에 정보통신 등 신기술이 가장 크고도 유익한 영향을 끼칠 곳이 아닌가 생각된다. 신기술은 매우 평범한 교사마저도 어떻게 학생이 배우는지 파악하고 그리고 가장 알맞은 방법으로 공부하도록 그 학생에게 격려할 수 있도록 해줄 것이다.

각자의 강점이 다르듯이, 성과를 올리는 방법도 사람마다 다르다. 그것이 개성이다. 개성이 '타고난 것' 이든 후천적으로 '훈련받은 것' 이든 간에, 그것은 분명히 어떤 사람이 일터로 나가기 훨씬 전에 형성된다. 그리고 어떤 사람이 무엇에 소질이 있는지 또는 없는지 하는 것이 '주어진 것' 이듯, 어떤 사람의 일하는 방법도 '주어진 것' 이다. 소질과 방법은 개선될 수 있을지언정 완전히 바뀔 가능성은 없다. 적어도 쉽게 바뀌지는 않는다. 그리고 사람은 자신이 잘하는 것을 함으로써 결과를 얻는 것과 마찬가지로, 사람은 자신의 방식으로 일을 할 때 결과를 얻는다.

피드백 분석은 일하는 방법에 뭔가 적절하지 않은 것이 있음을 지적해주기도 한다. 스스로, "나는 어떤 방식으로 성과를 올리는가?" 하고 질문하게 되면 거의 즉각 대답할 수 있다. 왜냐하면 인간의 개성을 구성하는 몇몇 공통의 특성들이 바로 개인이 어떤 식으로 하면 결과를 산출하는지를 대체로 결정하기 때문이다.

사람이 어떤 방법으로 성과를 올리는지를 알기 위한 다른 하나의 중요한 요소는, 어떤 사람이 스트레스를 받으면서도 일을 잘하는지 혹은 매우 구조화된 작업환경이나 예측 가능한 환경을 더 좋아하는지를 파악하는 것이다. 또 다른 개인적 특성으로는, 어떤 사람이 거대한 조직의 작은 부품으로서 일할 때 가장 잘하는지 또는 작은 조직에서 최고로 일을 잘하는지를 구분해야 한다.

2가지 종류의 조직 어디에서도 일을 잘하는 사람은 거의 없다. 대규모 조직, 예컨대 GE(General Electric) 또는 씨티은행(Citibank)에서 거듭해서 매우 성공적으로 일했던 사람이더라도 규모가 적은 조직으로 옮겼을 때 비참하게 실패하는 경우가 많이 있다. 마찬가지로 소규모 조직에서 계속해서 매우 뛰어난 성과를 올린 사람들이 대규모 조직으로 일자리를 옮기자마자 비참하게 실패하기도 한다.

▌읽는 자와 듣는 자

한 개인이 어떤 방식으로 성과를 올리는가 하는 것을 알기 위한 첫 번째 방법은 자신이 '읽는 자(reader)'인지 '듣는 자(listener)'인지 파악하는 일이다. 세상에는 읽는 자도 있고, 듣는 자도 있다. 양쪽 다 겸한 사람은 거의 없다. 두 부류 가운데 자신이 어디에 속하고 있는지를 아는 사람은 드물다. 그러나 몇 가지 예를 보면 그것을 알지 못하는 것이 얼마나 큰 손실인지 알 수 있다.

드와이트 아이젠하워(Dwight Eisenhower, 1890~1969) 장군이 유럽

의 연합군 참모총장으로 있을 때 그는 뉴스의 총아였고, 그의 기자회견장에 참석하는 것은 흔치 않은 즐거운 일이었다. 기자회견은 어떤 질문에 대해서도 완벽하게 답변하고, 두 세 마디 말로 작전상황과 정책 등을 효과적으로 설명하는 아이젠하워의 능력 덕분에 유명했다.

그러나 이후 대통령이 된 아이젠하워는, 10년 전만 해도 그를 존경했던 동일한 기자들에 의해 공공연하게 조롱당하게 된다. 기자들은 그를 어릿광대 취급했다. 그들은 아이젠하워가 질문에 대해 자신의 생각을 한 번도 제시한 적이 없고 엉뚱한 것에 대해 장광설을 늘어놓는다고 비난했다. 게다가 일관성 없고 문법에 맞지 않는 대답을 함으로써 그가 구사하는 영국식 영어를 흠집 내고 있다고 조롱당했다.

사실 그가 과거 합참의장 시절 뛰어난 성공을 거둔 이유는, 미국의 공직자들 가운데 가장 멋쟁이로 손꼽히는 맥아더 장군의 연설작가였던 부관들의 뛰어난 노력에 크게 기인했다. 좀 더 설명하자면 아이젠하워는 자신이 듣는 자가 아니고 '읽는 자'라는 사실을 명백하게 알지 못했다. 아이젠하워가 유럽의 참모총장이었을 때는, 그의 부관들이 기자들의 모든 질문을 서면으로 작성해 적어도 기자회견이 시작되기 30분전까지는 틀림없이 그에게 전달했다. 그러면 아이젠하워는 그것을 철저히 읽고 대답을 준비했다.

대통령이 되자마자 그는 '듣는 자'였던 두 전임자 프랭클린 D. 루스벨트와 해리 트루먼(Harry S. Truman, 1884~1972)을 계승했다. 두 사람 모두 자유스런 분위기의 기자회견을 즐겼다. 루스벨트는 자신이 듣는 자로서의 특징이 강하다는 것을 알았기 때문에, 모든 보고서는 먼저 자기 앞에서 큰 소리로 읽도록 조치했다. 그런 뒤에야 그는 서면 보고의 특정 부분을 읽었다. 대통령이 된 뒤 트루먼은 외교 및 군사관계에 대해 배워야 할 필요가 있다는 것을 인식(그는 이 2가지에 대해 과거에는 별 관심이 없었다)했기 때문에, 그는 자신의 각료 가운데 가장 뛰어난 2명, 즉 조지 마셜(George Marshall, 1880~1959)과 딘 애치슨(Dean Acheson, 1893~1971)을 지명해 자신에게 매일 브리핑을 하도록 했다. 그들은 매일 40분씩 구두 보고를 했고 그 후 대통령이 질문했다.

당연히 아이젠하워는 두 유명한 전임자들이 해왔던 것을 해야 한다고 느꼈다. 그러나 결과적으로 그는 기자들이 한 질문을 경청하지도 않았다. 그 결과 아이젠하워는 듣지 않는 자(non-listener)의 최하위 부류에도 속하지 못하고 말았다.

수년 뒤 린든 존슨(Lyndon Johnson, 1908~1973)은 아이젠하워와는 달리 자신이 듣는 자였음을 알지 못했기 때문에 대통령직 수행을 대체로 망치고 말았다. 전임자 존 F. 케네디(John F. Kennedy, 1917~1963)는 자신이 읽는 자인 것을 알았기 때문에, 역사가 아서 슐레징어 주니어(Arthur Schlesinger, Jr, 1917~)와 일급기자 빌 모이어스(Bill Moyers, 1934~)와 같은 작가들로 구성된 화려한 자문단을 만들었다. 케네디는 그들에게 어떤 생각을 개인적으로 논의하기 전에 자신에게 먼저 서면으로 보고하도록 분명히 지시했다.

존슨은 케네디의 자문단을 자신의 참모로 그대로 유지했다. 그리고 자신에게 서면으로 보고하는 것도 그대로 유지했다. 그러나 존슨은 그들이 쓴 보고서를 단 한 줄도 읽지 않았음에 틀림없다. 그렇지만 4년 전 존슨은 뛰어난 상원의원이었다. 왜냐하면 무엇보다도 상원의원이란 듣는 자여야 하니까 말이다.

칭기즈칸(Chingiz Khan, 1162~1227)은 중국에서 유럽까지 그리고 아라비아에 이르는 넓은 영토의 사정에 대해 각지의 전문가들로부터 이야기를 들었다. 문맹이었던 샤를마뉴 대제(Charlemagne, 742~814) 도 마찬가지였다. 두 사람은 듣는 자였다.

코시모 데 메디치(Cosimo de Medici, 1389~1464)는 르네상스시대 피 렌체 공화국의 지도자로서 가업인 메디치은행을 크게 확장했는데, 은행과 관련된 수많은 보고서를 일일이 검토하고 확인했다. 그는 읽 는 자였다.

불과 100년 전만 해도, 심지어 최고의 선진국에서마저도 자신이 오 른손잡이인지 왼손잡이인지를 아는 사람은 매우 적었다. 더욱이 왼 손잡이는 억압받았다. 왼손잡이들 가운데 실제로 필적이 좋은 오른 손잡이가 된 사람은 거의 없었다. 왼손잡이들은 말더듬이와 같은 심 각한 정서장애도 겪었다.

하지만 사람들은 10명마다 겨우 1명꼴로 왼손잡이다. 반면 읽는 자 에 대해 듣는 자의 비율은 50 대 50에 가깝다. 그리고 왼손잡이가 유능 한 오른손잡이로 되기가 어려운 것과 마찬가지로, 듣는 자가 유능한 읽 는 자로 되기란 또는 스스로 변하기란 어렵다. 그 반대도 마찬가지다.

그러므로 읽는 자가 되려고 노력하는 듣는 자는 린든 존슨의 운명 과 같은 전철을 따라 고통을 받을 것이다. 듣는 자가 되려고 노력하 는 읽는 자는 아이젠하워의 운명을 되풀이 할 것이다. 그들은 성과를 내지도 못하고 목적을 달성하지도 못할 것이다.

사람이 어떤 방식으로 성과를 올리는가 하는 것을 파악하기 위해서는 사람이 어떻게 배우는가를 알아야 한다. 그런 일을 하는 데는 읽는 자와 듣는 자를 구분하는 것보다 훨씬 더 어려울지도 모른다. 왜냐하면 세상 어디서나 배우는 데는 단 하나의 올바른 방법만 있다는 가정, 다시 말해 모든 사람이 배우는 방법은 꼭 같다는 가정 아래 학교가 조직되어 있기 때문이다.

많은 일류작가들은 학교성적이 나빴다. 윈스턴 처칠(Winston Churchill, 1874~1965)은 하나의 예에 지나지 않는다. 그리고 그들은 학교를 철저한 고문장소로 기억하는 경향이 있다. 뿐만 아니라 같은 학교와 같은 교사에 대해 같은 추억을 갖고 있는 동기생들은 거의 없다. 그들은 학교생활을 충분히 즐기지 못했을 것이다. 그들이 겪은 최악의 고통은 지루함이었다.

그 이유는 원칙적으로 그들이 듣고 읽는 방식으로 배우지 않기 때문이다. 그들은 글을 쓰면서 배운다. 글을 쓰면서 배우는 방식은 학교가 학생들에게 허용하는 방식이 아니므로 성적이 나쁠 수밖에 없다. 더욱이 학교가 가르치는 방식대로 배우도록 강요하는 것은 그들에게 지옥이며 잔혹행위다. 그런데 알다시피 처칠은 노벨상을 받았다. 그리고 흥미롭게도 그가 받은 노벨상은 문학상이었다.

베토벤(Ludwig van Beethoven, 1770~1827)은 엄청난 양의 작곡 스케치북을 남겼다. 그렇지만 베토벤 자신의 말에 따르면, 그는 실제로 작곡을 할 때는 스케치북을 한 번도 쳐다보지 않았다. 누군가 "그렇다면 도대체 스케치북을 왜 사용합니까?"라고 질문하면 그는 이렇게 대답했다.

"악상이 생각날 때 즉시 기록해두지 않으면 곧 잊어버리니까요. 악상을 스케치북에 기록하면 절대 잊어버리지 않지요. 그러니 스케치북을 다시 볼 필요가 없지 않겠어요."

알프레드 슬로언(Alfred Sloan, 1875~1966)은 GM을 세계 최대의 기업, 60여 년 동안 세계 최고의 제조기업으로 만든 사람이다. 그는 경영활동 대부분을 소규모의 활기찬 회의에서 수행했다. 회의가 끝나자마자 슬로언은 자기 사무실로 달려가서는 회의 참석자에게 편지를 쓰느라 몇 시간을 소비했는데, 편지에는 회의 때 논의했던 핵심 질문을 상기시키고, 회의 때 제시된 문제점과 얻은 결론, 회의에서 다루지 않았지만 해결되지 않은 문제들을 언급했다. 편지를 완성하고 나면 그는 다음과 같은 말을 했다고 한다.

"회의가 끝나고 즉각 사무실에 앉아서 회의 때 논의된 모든 것에 대해 곰곰이 생각해보지 않으면, 그런 뒤 그것을 써놓지 않으면, 나는 그것을 24시간 이내에 잊어버리고 말 것이다. 그것이 바로 내가 이런 편지들을 쓰는 이유다."

1950년대와 60년대 소규모의 평범한 가족회사를 해당 산업에서 세계의 주도적 회사로 성장시킨 어느 최고경영자가 있었는데, 그는 통상적으로 일주일에 한 번씩 자신의 사무실에 상급관리자들 모두를 소집하고 반원형 책상에 둘러앉게 하고는 두세 시간 그들에게 이야기하는 버릇이 있었다. 그가 그들에게 의견이나 질문을 하도록 요청하는 일은 매우 드물었다. 그는 이야기를 했지만, 그 누구도 아닌 자기 자신하고만 이야기했다.

그는 정책변화의 가능성을 제기했다. 예를 들면 해당 산업에서 소규모고 쇠퇴하는 회사지만 어떤 특수한 기술을 보유하고 있는 회사의 합병문제를 제기했다. 그런 문제들 하나하나에 대해 그는 언제나 3가지 다른 경우의 수를 제시했다. 하나는 정책변화에 대해 찬성하는 경우, 다른 하나는 반대하는 경우, 그리고 또 다른 하나는 앞의 2가지 경우가 타당하다는 조건 아래에서의 경우였다. 그는 다만 자신이 스스로 하는 말을 들어줄 청중이 필요했던 것이다. 그것은 그가 배운 방법이었다. 다시 말해 꽤나 극단적인 예이긴 하지만, 그는 결코 특수한 사람은 아니었다. 성공적인 예비 변호사들은 이와 같은 방식으로 배운다. 많은 전문의들도 마찬가지다.

요약하면 배우는 데는 대개 6가지의 다른 방법들이 있다. 첫째, 많은 악상을 즉각 기록해 두는 방식으로 배우는 사람들이 있다. 베토벤이 한 것처럼 말이다. 둘째, 그러나 알프레드 슬로언은 회의 도중에는 아무런 기록도 하지 않았고, 앞에서 예를 든 최고경영자도 그렇다. 그들은 나중에 정리한다. 셋째, 자신이 스스로 말하는 것을 들으면서 배우는 사람도 있다. 넷째, 작가처럼 쓰면서 배우는 사람도 있다. 다섯째, 운동선수처럼 실제로 행하면서 배우는 사람도 있다. 여섯째, 가르치며 배우는 경우도 있다. 어떤 대학의 교수는 다음과 같은 말을 했다.

"내가 가르치는 이유는 내 자신이 하는 말을 들을 수 있기 때문이지요. 왜냐하면 그 뒤에 내가 쓸 수 있으니까요."

실질적으로 '자기 자신에 대한 지식(self-knowledge)' 에 관한 중요한 모든 요소들 가운데 가장 얻기 쉬운 것 하나가 바로 이것이다.

"나는 어떻게 배우는가?"

스스로에게 질문해보라.

▌나는 함께 일하는가, 혼자 일하는가

"나는 어떤 방법으로 성과를 올리는가?", "나는 어떻게 배우는가?"라
고 하는 것은 첫 번째로 해야 할 질문들 중에서도 가장 중요한 질문
이다. 그러나 그것들만으로는 결코 충분하지 않다. 자기 자신을 관리
하기 위해서는 "나는 다른 사람들과 함께 어울려 일을 잘하는 스타일
인가?" 혹은 "나는 혼자 일하는 스타일인가?"라고 질문해야 한다. 그
리고 자신이 다른 사람들과 함께 일을 잘한다는 사실을 파악했다면,
"나는 어떤 관계에서 다른 사람들과 잘 어울려 일을 하는가?"라고 질
문해야 한다.

어떤 사람들은 부하로서 일할 때 최선의 성과를 낸다. 가장 좋은 예
가 제2차 대전 때 미국 군인들 가운데 최고 영웅이었던 조지 패튼
(George Patton, 1885~1945) 장군이다. 그는 미국 최고의 지상군 사령
관이었다. 그렇지만 패튼에게 독립 부대의 지휘를 맡기자고 제안 받
은 미국의 참모총장 조지 마셜(아마도 미국 역사상 사람을 선발하는 데 가
장 성공한 사람으로 손꼽을 수 있을 것이다)은 다음과 같이 말했다.

"패튼은 미국 육군이 만들어낸 최고의 부하다. 그리고 그는 최악의
사령관이다."

패튼 장군은 영화 「패튼 대전차군단(Patton, 1970)」에서 보는 바와
같이, 정해진 목표는 잘 달성했지만 스스로 목표를 정해 추진하는 데
는 실패했다.

어떤 사람은 팀의 구성원일 때 일을 가장 잘하고, 어떤 사람은 자문
역할을 할 때 가장 잘한다. 어떤 사람은 코치나 스승으로 일할 때 뛰
어나게 잘하지만, 또 다른 사람은 스승 역할에는 전혀 소질이 없다.

▌나는 의사결정자인가, 조언가인가

자신의 강점을 알고 자기관리를 위한 또 다른 중요한 질문은, "나는 '의사결정자(decision maker)'로서 결과를 얻는가, 아니면 '조언가(advisor)'로서 결과를 얻는가?" 하는 것이다. 많은 사람들이 조언가로서 일할 때는 최상으로 성과를 올리지만, 의사결정에 따르는 부담이나 압력을 견디지 못하는 경우가 많다. 그와는 반대로 또 많은 사람들은 자신에게 압력을 넣는 역할을 하는 조언가를 필요로 하는데, 그런 경우 그들은 조언가의 자문을 받아 의사결정을 하고는 자신감과 용기를 갖고 그것을 재빨리 행동에 옮긴다.

이것이 바로 어떤 조직의 제2인자가 최고 지위로 승진했을 때 간혹 실패하는 이유다. 최고 지위에는 의사결정자가 적합하다. 최고 지위에 앉은 강력한 의사결정자들은 흔히 자신들이 신뢰하는 어떤 사람을 제2인자의 자리에 조언가로서 임명한다(그 지위에서 그가 뛰어난 성과를 낸다고 가정하자). 그러나 그 조언자가 제1인자의 지위로 승진했을 때는 종종 실패한다. 그 이유는 그가 의사결정이라는 게 어떤 것인지를 알지만 의사결정에 따르는 책임을 질 용기가 없었기 때문이다.

다시 말하건대 자신을 바꾸려고 노력하지 마라. 그것은 성공할 가능성이 낮다. 대신 당신이 성과를 올리는 그 방법을 한층 더 개선하려고 노력하라. 당신이 성과를 올리지 못하는, 또는 빈약하게 성과를 올리는 방법은 그것이 어떤 것이라 해도 개선하려고 노력하지 마라.

chapter 05

지식근로자의
가치관과 소속 그리고 책임

▌거울테스트, 나의 가치관은 무엇인가

자신을 관리하기 위해서는 "나의 가치는 무엇인가?"를 알아야 한다. 개인적으로 윤리에 관한 한 그 원칙들은 모든 사람에게 동일하게 적용된다. 그리고 테스트 방법도 간단한 것이다. 드러커는 그것을 '거울 테스트(mirror test)' 라고 명명했다.

20세기 초 세계열강의 외교관들 중 가장 존경받았던 사람은 런던 주재 독일 대사였다. 그는 분명 더 높은 자리로, 비록 독일연방의 수상은 아니더라도 외무장관까지는 승진할 것으로 예상되었다. 그런데 1906년 그는 갑자기 대사직을 사직하고 말았다. 당시 에드워드 7세 (Edward Ⅶ, 1841~1910)가 영국 국왕으로서 재위 5년째를 맞고 있었는데, 어느 날 그곳 외교 사절단이 국왕을 위해 만찬을 준비했다.

외교 사절단 단장으로서 그 독일대사(거의 15년 동안 런던에 주재했다)는 그날 만찬의 의장 노릇을 하게 되어 있었다. 에드워드 7세는 유명한 난봉꾼이었고, 또한 자신이 원하는 종류의 만찬을 분명하게 지시했다. 그는 만찬이 끝날 무렵 거대한 케이크가 등장하는 순간 등불을 희미하게 하고는 뒤따라 12명 이상의 창녀들이 나체로 뛰어 들어오도록 주문했다.

그러자 독일대사는 만찬 주재하기를 포기하고 대사직에서 물러나고 말았다. 그는 그렇게 말했다.

"아침에 면도할 때, 나는 거울 속의 내 얼굴이 난봉꾼의 얼굴로 보이는 것을 거부한다."

이것이 거울 테스트다. 즉, 스스로 다음과 같이 질문을 해보라는 것이다.

"아침에 면도를 할 때, 또는 립스틱을 바를 때, 거울 속 내 얼굴이 어떤 종류의 사람으로 보이길 원하는가?"

다른 말로 표현하면 윤리는 하나의 '분명한 가치 시스템(clear value system)'이다. 그리고 분명한 가치 시스템인 윤리는 서로 많이 다르지 않다. 어떤 조직 또는 상황에서 윤리적인 행동은 그와는 다른 조직 또는 다른 상황에서도 윤리적 행동이다.

그러나 윤리는 오직 가치 시스템의 한 부분에 지나지 않으며, 더 구체적으로 말하면 어떤 조직의 가치 시스템을 구성하는 한 요소일 뿐이다. 어떤 조직에서 일을 하는 경우, 어떤 사람이 수용할 수 없는 또는 양립할 수 없는 가치 시스템이 있다면, 그것은 그 사람에게 좌절과 비성과(non-performance) 모두를 맞보도록 운명 지우는 셈이다.

다음은 사람들이 스스로 배워야 할 가치관의 사례들이다.

무척 성공했다고 평가받는 한 여성 최고경영자는 자신이 오래 근무하던 회사가 더 큰 회사로 흡수당한 뒤 완전히 좌절하고 말았다. 그녀는 실질적으로 더 높은 직위로 승진했다. 그리고 그 자리는 그녀가 최고로 잘했던 부문이었다. 중요한 직책에 사람을 선발하는 것은 그녀 직무의 한 부분이었다. 그녀는 "중요한 직위에 사람을 선발할 때는 내부에서 모든 가능성을 탐색해본 뒤에 적임자가 없으면 외부에서 채용해야 한다"고 확신하고 있었다. 그러나 합병회사는 자리가 난 중요 직위에 대한 선발은 외부에서부터 찾아야 한다는 입장이었다. "신선한 피를 들여와야 한다"고 말이다. 2가지 방법 모두 일리가 있다. 그러나 이 2가지 방법은 정책으로서도 가치로서도, 근본적으로 서로 양립 불가능하다.

2가지 방법은 조직과 인간 사이의 관계에 대해 상이한 관점을 대변하고 있다. 그것들은 조직 구성원 그리고 구성원의 개발에 대해 조직의 책임이 무엇인가에 대한 관점의 차이를 나타낸다. 그것들은 개인이 기업에 해야 할 가장 큰 기여는 무엇인가 하는 것에 대한 관점의 차이 등을 포함한다. 몇 년 동안 좌절을 겪은 뒤 그녀는 사직하고 말았는데, 그녀에게는 금전적 손실도 엄청났다. 간단히 말해 그녀의 가치관과 조직의 가치관이 양립하지 않았던 것이다.

▍장기적 결과와 단기적 결과

기업이 단기적 결과를 위해 경영되어야 하는지, 장기적 성공을 위해 경영되어야 하는지의 문제는 언제나 어렵다. 재무분석가들은 기업이 2가지 모두를 위해 경영될 수 있다고 생각한다. 성공적인 기업인들은 그것을 보다 더 잘 알고 있다. 분명히 우리는 단기적 결과를 산출해야 한다. 그러나 단기적 결과와 장기적 성장 사이에 갈등이 발생하면, 어떤 회사는 장기적 성장 쪽으로 결정한다. 다른 회사는 단기적 결과를 선호하는 쪽으로 갈등을 해결하고자 한다.

미국에서 가장 빨리 성장하고 있는 한 지역 교회는 그 성공을 새로운 신도들의 숫자로 측정한다. 그 교회가 중요시하는 것은 그전에는 한 번도 교회에 오지 않았던 사람들이 얼마나 많이 교회에 나오게 되었는지, 그리고 정규적으로 교회에 나오는지 하는 것이었다. 그러나 '좋은 하느님 교회(The Good Lord)' 는 신도들의 정신적 구원을 성공이라고 믿는다. 또 다른 지역 중심의 복음주의 기독교파는 영적 경험을 중요시하고 있다. 따라서 이 교회는 교회에 나오기는 하지만 교회의 영적 생활에 몰입하지 않는 새로운 신도들을 축출한다.

이는 숫자의 문제가 아니다. 얼핏 보기에 두 번째 종류의 교회가 가장 느리게 성장할 것으로 보인다. 하지만 첫 번째 교회보다 두 번째 교회가 새로운 신도들을 더 높은 비율로 교회에 계속 나오도록 하는 데 성공했다. 두 번째 교회의 성장이 훨씬 더 견고하다는 얘기다. 이 또한 신학적 문제도 아니고 부차적인 문제도 아니다. 그것은 다름 아닌 가치의 문제다. 첫 번째 교회의 목사가 "교회에 나오기 전에는 절대로 하늘나라 왕국으로 가는 문을 찾지 못한다"고 주장했다. 두 번째 교회의 목사는 "아니다. 먼저 하늘나라 왕국으로 가는 문을 두들기지 않고는 교회에 소속되어 있지 않다"라고 응수했다.

▌조직의 가치관과 개인의 가치관

조직은 가치를 갖지 않으면 안 된다. 사람도 마찬가지다. 어떤 조직에서 효과적이기 위해서는 개인이 소유한 가치가 조직의 가치와 양립해야 한다. 둘이 똑같을 필요는 없다. 그러나 이 둘은 공존할 수 있을 만큼 충분히 가깝지 않으면 안 된다. 그렇지 않으면 개인은 좌절을 느낄 뿐만 아니라 결과를 산출할 수도 없을 것이다.

개인의 강점 그리고 개인의 성과 향상 방법 사이에 갈등이 일어나는 경우는 드물다. 둘은 서로 보완적이다. 그러나 때로는 어떤 개인의 가치와 강점 사이에 갈등이 발생한다. 어떤 사람이 잘하는, 심지어 매우 잘하고 성공적인 그 일이 그 사람의 가치 시스템과 일치하지 않을 수도 있다. 자신이 잘하고 있는 그것이 정작 사회에 어떤 기여를 하는 것으로 느껴지지 않고 또한 자신의 인생을 바칠 것으로 생각되지 않을 수도 있다(또는 심지어 인생의 상당 부분을 바칠 그 무엇으로 느껴지지 않을 수 있다).

드러커는 다음과 같이 회고한다.

"나 또한 내가 잘하고 있고 성공적으로 하고 있는 것과 나의 가치 사이에 어느 것 하나를 선택해야 했다. 1930년대 중반 나는 런던에서 젊은 투자은행가로서 자타가 공인할 정도로 훌륭한 성과를 올리고 있었고, 그것은 분명 나의 강점과 부합했다. 그렇지만 나는 스스로를 다른 사람의 재산관리자로서 사회에 공헌하는 것으로 보지 않았다. 나는 돈이 아니라 사람이 나의 가치라는 것을 인식했다. 그리고 나는 가장 부유한 사람으로서 땅에 묻히는 것에 아무런 의미를 느끼지 못했다. 대공황 시대에 나는 돈도 없었고 직업도 없었으며 전망도 밝지 않았다. 그러나 나는 은행에서 물러났다. 그리고 그것은 옳은 일이었다."

가치는 다른 말로 표현하면 궁극적인 평가 기준이다.

▌속해야 할 곳과 속하지 말아야 할 곳

지금까지 "나는 누구인가?", "나의 가치는 무엇인가?" 하는 질문, 즉 스스로를 파악하는 질문을 했다. 여기에서는 내가 어떤 조직에서 무엇을 해야 하는지, 다시 말해 내가 성과를 올릴 수 있는 장소를 찾는 방법을 제시한다. 달리 말하면 적재적소(適材適所)라는 점에서 지금까지는 적재를, 여기서는 적소를 설명한다. 여기서 해야 할 질문은 3가지다.

첫째, "나는 어디에 속하는가?"

둘째, "내가 기여해야 할 것은 무엇인가?"

셋째, "그 다음에 할 일은 무엇인가?"

앞의 3가지 질문, 즉 "나의 강점은 무엇인가?", "나는 어떻게 성과를 올리는가?", 나의 가치는 무엇인가?"에 대한 답은 개인으로 하여금, 특히 지식근로자로 하여금 자신이 어디에 속하는지 결정할 수 있도록 해주어야 한다.

그것은 대부분의 사람들이 그들의 경력생활 초기에 할 수 있거나 해야 하는 결정은 아니다. 애초부터 자신이 어디에 속하는지 아는 사람은 소수에 지나지 않는다. 예를 들면 수학자나 음악가, 요리사들은 그들의 나이가 4세에서 5세일 때부터 수학자, 음악가, 요리사인 경우가 많다. 의사들은 이보다 더 일찍부터는 아니더라도, 대개는 십대 후반 때 자신의 직업을 결정한다. 그러나 우리들 대부분은, 지능이 높은 사람이라 해도 20대 중반이 지날 때까지는 스스로 어디에 속하는지 모른다. 하지만 그때까지 스스로의 강점이 무엇인지는 알아야 한다. 어떻게 성과를 올리는지는 알아야 한다. 우리의 가치가 무엇인지 알아야 한다.

그런 다음 어디에 속해야 하는지 결정해야 한다. 또는 어디에 속해서는 안 되는지 결정할 수 있어야 한다. 대규모 조직에서 성과를 올리지 못한다는 사실을 깨달은 사람은, 대규모 조직으로부터 어떤 직위를 제안 받으면 "아니오"라고 말하는 법을 배워야 한다. 자신이 의사결정자가 아니라는 것을 배운 사람은, 의사결정 능력을 요하는 과업을 제안 받으면 "아니오"라고 말하는 법을 배워야 한다. 패튼 장군(자신은 그런 사실을 한 번도 배운 적이 없었던 것 같다)은, 높은 계급의 부하 직위 대신에 독립부대의 사령관 직위를 제안 받았을 때 "아니오"라고 말하는 법을 배웠어야 했다.

3가지 질문에 대한 대답을 알게 되면, 우리는 기회와 직위의 제안과 과업에 대해 다음과 같이 말할 수 있다.

"예, 내가 그것을 하지요, 하지만 그것을 수행해야 하는 방법은 이런 식이지요. 그것이 조직되어야 하는 방법은 이렇습니다. 나의 관계는 이런 식이여야 하는 것입니다. 당신이 나로부터 기대해야 하는 결과는 이런 종류고, 시간은 이런 식으로 사용할 것입니다. 왜냐하면 이게 나이니까요"

성공적인 경력이란 '계획되어진 것' 이 아니다. 사람들은 자신의 강점과 일하는 방식 그리고 자신의 가치를 알고 있으므로, 성공적인 경력이란 기회를 맞을 준비가 된 사람들이 만들어가는 경력이다. 자신이 어디에 속하는지 알게 되면 열심히 일하고 유능해질 수 있으며 뛰어난 성취를 이룰 수 있기 때문이다.

▌기여해야 할 것은 무엇인가

"내가 기여해야 할 것은 무엇인가?"라는 질문은 지식을 행동으로 전환하는 것을 의미한다. 이 질문은 "내가 기여하고자 원하는 것이 무엇인가?"가 아니다. "내가 기여해야 하는 것으로 지시 받은 것은 무엇인가?"도 아니다. 그것은 "내가 무엇을 기여해야 하는가?"이다.

이는 인류 역사상 새로운 질문이다. 전통적으로 과업은 사전에 정해져 있었다. 해야 할 일 그 자체에 의해서도 사전에 정해져 있었다. 농부나 하인처럼 주인님 또는 마님에 의해서 정해져 있었다.

최근까지도 대부분의 사람들은 스스로를 명령 받은 대로 일하는 부하라고 생각했다. 지식근로자의 등장은 그런 관점을 바꾸고 있는데, 그것도 무척 빠르게 바꾸고 있다. 이런 변화에 대한 최초의 반응은 고용 조직이 그 대답을 제시해야 한다는 것이었다.

'경력계획(career planning)'은 1950~60년대 당시 새로운 지식근로자 종업원(knowledge worker employee)인 '조직인간(organization man)'을 위해 인사관리 부서가, 특히 대규모 조직의 인사관리 부서가 수행해야 할 과업으로 간주되었다. 일본에서 그것은 지식근로자를 관리하는 방식으로 여전히 사용되고 있다. 그러나 일본에서마저도 젊은 지식근로자들, 예컨대 잘 훈련받은 젊은 엔지니어들은 자신들에게 최초로 일자리를 제공해준 회사에 대한 평생 충성을 더 이상 약

속하지 않는다. 현재 일본의 근로자들은 미국만큼이나 자주 직장을 바꾸고 있다. 평생직장이라는 의식도 유지하기가 어려워질 것 같다. 더욱이 지식근로자가 고용기관의 수명보다 더 오래 살 것으로 기대되고 있다.

다른 선진국에서는 '조직인간'과 '경력계획' 중심의 인사관리 부서는 이미 역사 속으로 사라진 지 오래다. 그와 더불어 자신이 아닌 다른 사람이 '경력계획자'가 될 수 있다는, 또는 되어야 한다는 개념도 사라졌다. 1960년대의 반응은 지식근로자로 하여금 다음과 같이 질문하도록 하는 것이었다.

"내가 하고자 원하는 것이 무엇인가?"

이에 대한 답변으로 "자기 자신의 일을 하는 것이 곧 사회에 공헌하는 방법"이라는 대답이 나왔다. 그것이 바로 1968년 '학생혁명'이 신봉했던 무엇이었다. 그러나 우리는 그것이 조직인간과 마찬가지로 틀린 답이라는 사실을 발견했다.

지식근로자는 "내가 기여해야 할 것은 무엇인가?"라고 질문하는 것을 배워야 한다. 그런 다음에는 "그것은 나의 강점과 부합되는가?", "그것은 내가 원하는 것인가?", "그것으로 보람을 느끼고 또 도전의지가 생기는가?"라고 질문해야 한다.

가장 좋은 예는 제2차 대전 말 프랭클린 루스벨트 대통령의 갑작스런 사망으로 해리 트루먼이 미국 대통령이 되었을 때 그가 스스로의 위치를 재정립한 방법이다. 트루먼은 철저히 국내 문제에만 관심을 가진 덕분에 부통령직에 임명된 사람이었다. 왜냐하면 미국이 종전(終戰) 이후 국내 문제에만 관심을 쏟게 될 것이라는 게 당시 일반적인 믿음이었기 때문이다.

트루먼은 국제 문제에 대해서 관심을 가진 적도 없었고, 실제로 아는 것도 없었으며, 그것을 전적으로 무시했다. 대통령직을 승계한지 몇 주 만에 독일이 항복한 데 따른 포츠담 회의에 참가했을 때만 해도, 그는 여전히 국내 문제에 대해서만 신경 썼다. 포츠담 회의에 참석해 한쪽에는 처칠 다른 한쪽에는 스탈린과 함께 지내면서 트루먼은 앞으로 국제 문제가 엄청나게 부각되리라는 것을 깨달았고, 자신이 그것에 관해 아는 바가 전혀 없다는 사실에 두려워했다.

포츠담 회의에서 돌아온 뒤 트루먼은 "자신이 하고 싶은 것을 포기"하고, "마땅히 해야 하는 것에 집중"하기로 마음먹었다. 그는 즉각 조지 마셜과 딘 애치슨을 스승으로 초빙했다. 그리고 불과 몇 주일 만에 국제 문제를 처칠이나 스탈린보다도 더 잘 알게 되었고 전후 세계를 주도적으로 열어갔다. 공산주의에 대한 봉쇄정책을 수립하고 이란과 그리스로부터 공산세력을 철수시켰다. 마셜로 하여금 서유럽을 구출케 했고, 일본을 재건하는 결정을 내렸으며, 세계 경제의 부흥을 추진했다.

그와는 대조적으로 린든 존슨은 베트남전쟁에서도 국내 정치에서도 모두 실패했는데, 그 이유는 "대통령으로서 내가 기여해야 할 것은 무엇이어야 하는가?"라고 질문하는 대신, "내가 하고자 원하는 것은 무엇인가?"에 집착했기 때문이다.

트루먼과 마찬가지로 존슨도 전적으로 국내 문제에만 관심을 기울였다. 그 또한 케네디 대통령이 암살된 뒤에 대통령직을 떠맡았다. 그는 베트남전쟁이 자신이 집중해야 하는 과제라는 사실은 인식했다. 하지만 하고 싶은 것도 포기할 수 없었다. 그는 베트남전쟁과 국내 문제 사이에서 갈피를 잡지 못했다. 그 결과 모두 실패했다.

▌수준 높지만 달성 가능한 새로운 목표

"내가 기여해야 할 것은 무엇인가?", "남다른 차이를 만드는 방법을 어디서 어떻게 얻을 수 있는가?"를 결정하기 위해서 하나의 질문이 더 남아 있다.

먼 미래를 내다보는 것은 가능하지 않다(당연하게도 그게 가능하다면 엄청난 결과를 거둘 수 있을 것이다). 대체로 18개월은 작업계획을 세우거나 기여할 바를 비교적 분명히 드러내고 구체화시킬 수 있는 기간이다. 따라서 나머지 질문은 다음과 같다.

"18개월에서 2년 사이에 어떤 결과를 성취해야 하는가?"

이 질문에 대한 대답은 다른 몇 가지와 균형을 맞추지 않으면 안 된다. 우선 결과는 달성하기 어려워야 한다. 요즘 건강 관리 분야에서 유행하는 말로 표현하면, '스트레칭'을 필요로 한다. 하지만 도달 가능한 범위 내에 있어야 한다. 달성할 수 없는 결과를 노리는 것은 (가장 좋지 않은 상황에서는 어쩔 수 없지만) '야망(野望)'이 아니다. 바보 같은 생각일 뿐이다.

또한 결과는 의미 있는 것이어야 한다. 뛰어나야 한다. 그리고 가시적이어야 하며 가능한 한 측정할 수 있어야 한다.

한 병원에 새로 부임한 병원관리자는 스스로에게 "내가 기여해야 할 것이 무엇인가?"라는 질문을 던졌다. 원래 이 병원은 규모도 크고 평판도 좋았다. 하지만 30여 년 동안 명성에만 안주하면서 남다른 것이 하나도 남지 않게 되었다. 새로 온 병원관리자는 자신이 기여할 바를 "2년 내에 중요한 한 분야에다 최우수 성과 기준을 수립하는 것"으로 결정했다. 그래서 응급실과 외상처치실(두 곳 모두 규모가 크지만 깨끗하지는 않았다)을 개선하는 데 집중하기로 마음먹었다. 그는 응급실에 개선할 것이 무엇인지, 그리고 그 성과를 어떻게 측정할 것인지 곰곰이 생각했다. 그 결과 응급실에 들어온 모든 환자는 60초 내에 유능한 간호사로부터 진단 받을 수 있도록 만들었다. 12개월 후 이 병원의 응급실은 미국 병원의 모델이 되었다. 그의 회생전략은 병원도 기준과 규칙을 설정하고 성과를 측정할 수 있다는 사실을 보여주는 것이었다. 그 후 2년이 지나자 병원 전체가 혁신적으로 바뀌게 되었다.

피터 드러커는 《프로페셔널의 조건》에서 자신의 경험을 들려주고 있다.

"나는 3년에서 4년마다 다른 주제를 선택해 공부한다. 통계학이 될 수도 있고 중세 역사나 일본 미술, 경제학이 될 수도 있다. 3년 정도 공부한다고 해서 완전히 터득할 수는 없지만, 주제를 이해하는 데는 충분하다. 이런 식으로 나는 60년 이상 동안 한 시기에 한 주제씩 공부하고 있다. 이 방법은 나에게 상당한 지식을 제공하는 것만으로만 끝나지 않았다. 나로 하여금 새로운 주제와 시각, 방법에 대해 개방적인 자세를 취하도록 해주었다. 내가 공부한 모든 주제들 각각은 서로 상이한 가정을 하고 있고, 서로 다른 방법론을 사용하고 있기 때문이다."

▌자유와 책임의 진짜 의미

따라서 "내가 기여해야 할 것이 무엇인가?" 하는 의사결정은 3가지 요소들 사이에 균형을 잡아야 한다. 우선 "상황이 요구하는 것이 무엇인가?"를 결정한다. 그 다음에는 "나의 강점과 성과 향상의 방식 그리고 나의 가치를 통해, 나는 어떤 필요한 분야에 최고로 기여할 수 있는가?"라고 질문한다. 마지막으로 "남다른 차이를 만드는 방법을 어디서 어떻게 얻을 수 있는가?"를 질문한다.

그렇게 되면 그것은 행동 결론으로 이어진다. 무엇을 하고, 어디서부터 시작하고, 어떻게 출발하고, 어떤 목표를 정해야 하고, 목표달성 기한은 언제까지인지 결론을 내리게 된다.

역사를 통틀어 자신이 선택한 삶을 살아온 사람은 매우 적다. 할 일은 태어날 때부터 이미 그들에게 정해져 있거나 윗사람이 정했다. 맡은 일을 하는 데 따라야 할 방법도 대개는 사전에 정해져 있었다. 예상된 결과들도 이미 정해져 있었다.

그러므로 "자기 자신의 일을 한다는 것"은 자유선택이 아니다. 허가사항이다. 그것은 결과를 산출하지 못한다. 기여하지도 못한다. 그러나 "내가 기여해야 할 것이 무엇인가?"라는 질문부터 출발한다면 그것은 자유를 제공한다. 자유를 제공하는 이유는 그것이 책임을 요구하기 때문이다.

스스로 일하고 성취하는 사람은 드물다. 소수의 위대한 예술가들과 과학자들, 타이거 우즈 같은 소수의 운동선수들이 있기는 하다. 그러나 대부분의 사람들은 다른 사람과 함께 일하고 다른 사람들의 협조를 받아서 성과를 올린다. 그것은 그들이 조직의 구성원이든 또는 법적으로 독립적이든 간에 마찬가지다. 그러므로 스스로를 관리한다는 것은 '관계책임(relation responsibility)'을 지는 것을 의미한다.

▌관계책임을 져야 한다

관계책임을 진다는 것은 2가지 부분으로 나누어 볼 수 있다.

첫째, 관계책임은 어떤 사람이 독립적인 것과 마찬가지로 다른 사람들도 독립적인 개인이라는 사실을 받아들이는 것이다. 사람들은 인간답게 행동할 것을 강조한다. 그것은 그들만의 강점을 갖고 있다는 것을 의미한다. 그들만의 가치를 갖고 있음을 뜻한다. 그러므로 성과를 올리기 위해서는 함께 일하는 사람들의 강점과 성과 향상의 방식 그리고 가치를 알아야 한다.

예컨대 사람들은 그들의 첫 과업을 수행하는 과정에서 '읽는 자'인 어떤 사람을 위해 일 한다. 그들은 보고서 작성 훈련을 받는다. 그런데 그들의 다음 번 상사는 대개 '듣는 자'이다. 그러나 그들은 이 새로운 상사에게도 계속해서 같은 방식으로 보고서를 작성하고 제출한다. 린든 존슨 대통령의 보좌관들이 했던 방식대로 말이다. 존슨의 보좌관들이 계속 그렇게 한 이유는 그들을 고용했던 존 F. 케네디 대통령이 '읽는 자'였기 때문이다. 그런 사람들은 결과를 산출하지 못한다. 틀림없이 그들의 새로운 상사들은 그들을 바보로 생각할 것이고, 무능하다고 생각할 것이고 그리고 게으르다고 생각할 것이다. 그들은 실패하고 만다. 그런 일을 피하기 위해서 당연히 했어야 하는 일은, 상사를 관찰하고 다음과 같이 질문하는 것이었다.

"나의 상사는 어떻게 성과를 올리는가?"

상사란 조직도표상의 '계급'도 아니고 '기능'도 아니다. 그는 그저 사람이고 또한 그가 수행하고 있는 직무를 수행할 권리를 갖고 있다. 그리고 그는 함께 일하는 사람들에게 의존하고 있다. 상사와 함께 일하는 사람들은 그를 관찰해야 하고, 그가 일하는 방식을 알아야 하며, 그가 효과를 내는 방식에 스스로를 적응시켜야 한다.

예를 들어 숫자를 최우선적으로 봐야 직성이 풀리는 상사도 있다. GM의 알프레드 슬로언이 그 예다. 그는 재무관리자 출신이 아니라 마케팅 감각이 뛰어난 엔지니어 출신이었다. 그러나 엔지니어였지만 그는 숫자를 먼저 검토하도록 훈련을 받았다. 그 당시 GM에는 젊고 유능한 중역들이 3명이나 있었지만, 슬로언의 취향을 몰랐기 때문에 그들 가운데 누구도 CEO 지위에 오르지 못했다. 그들은 숫자로 정리된 것도 없이 먼저 보고서를 쓰거나 구두로 보고하는 것은 의미가 없다는 사실을 인식하지 못했던 것이다. 그들은 슬로언의 사무실로 가서는 보고서만 제출했다. 그 뒤에 숫자를 제시했다. 그러나 그때는 이미 슬로언의 안중에는 그들은 무시되고 없었다.

앞서 말한 바와 같이 읽는 자는 듣는 자가 될 가망이 전혀 없고, 듣는 자가 읽는 자가 될 가능성도 거의 없다. 그러나 사람은 누구나 적절한 구두 발표를 하는 법을 배울 수 있고, 적당한 보고서를 쓰는 법을 배울 수 있다. 간단히 말해 상사가 상사 자신의 일을 할 수 있도록 도와주는 것이 부하의 의무다. 그렇게 하려면 상사를 관찰하고 "상사의 강점은 무엇인가?"라고 질문해봐야 한다. "상사가 성과를 올리기 위해 어떤 식으로 직무를 수행하는가?", "상사의 가치는 무엇인가?" 하고 스스로 질문해야 한다. 이는 상사를 '관리'하는 비결이기도 하다.

조직 속의 어떤 사람도 자신과 함께 일하는 다른 모든 사람들에게 꼭 같은 질문을 해야 한다. 그들 각자는 자신들의 방식으로 과업을 수행하지 내 방식으로 수행하지 않는다. 그들 각자는 자신들의 방식으로 과업을 수행할 권리가 있다. 목표달성을 위한 첫 번째 비결은 함께 일하고 상호 의존하는 사람을 이해하며, 그들의 강점과 일하는 방식을 그리고 그들의 가치를 활용하는 것이다. 왜냐하면 작업관계는 그들이 수행하는 과업뿐 아니라 그들이 함께 일하는 사람들을 기초로 형성되기 때문이다.

둘째, 관계책임은 자기 자신을 관리하고 그리고 목표를 달성하기 위해 의사소통 책임을 지는 일이다. 자신의 강점을 파악하고, 성과 향상의 방식을 심사숙고하며, 자신의 가치를 인식하고, 특히 자신이 기여해야 할 바가 무엇인지를 알고 난 뒤에는 다음과 같이 질문해야 한다.

"나 자신의 이런 점을 알아야 하는 다른 사람은 누구인가?"

"나는 누구에게 의존하는가?"

"누가 나에게 의존하는가?"

그런 다음에는 그 사람들을 찾아가서 말을 해줘야 한다. 그것도 그들이 메시지를 받아들이는 방식, 달리 표현해 만약 그들이 읽는 자면 메모지를 이용하고, 듣는 자면 구두로 보고하는 식으로 말이다.

▮ 질문을 하고 정보를 제공할 책임

대체로 어떤 조직과 함께 일을 할 때면, 언제나 처음에는 '개인갈등

(personality conflicts)'에 관한 말을 듣곤 한다. 대부분의 개인갈등은 다른 직원이 무엇을 하는지, 어떤 방식으로 하는지, 어떤 기여를 하기 위해 집중적으로 일하는지, 그리고 어떤 결과를 기대하고 있는지 모르기 때문에 발생한다. 그것을 모르는 이유는 그들이 질문도 하지 않았거니와 상대방이 하는 말도 듣지 않았기 때문이다.

그것은 인간의 우매함 때문이라기보다는 역사에 그 책임을 돌려야 한다. 최근까지도 그와 같은 말을 누구에게도 해줄 필요가 없었다. 중세 시대에는 어떤 도시 어떤 구역에 사는 사람들은 모두 똑같은 분야에 종사했다. 예컨대 금세공장이 거리, 구두상점 거리, 무기공장 지역 등으로 구분되어 있었다(일본의 교토에는 아직도 옹기 거리, 비단 거리, 칠기 거리 등이 있다). 금세공장이는 다른 모든 금세공장이들이 무엇을 하는지 정확하게 알고 있었다. 구두제조공도 마찬가지였고, 무기제조공 또한 예외가 아니었다. 그들 사이에는 아무것도 설명할 필요가 없었다.

초봄, 땅 위에 서리가 녹고 난 직후 마을 사람 모두 똑같은 작물을 파종했던 농업에서도 매한가지였다. 이웃 농민에게 자기가 토마토를 심는다거나 고추를 심는다거나 일일이 말해줄 필요가 없었다. 또한 일반적인 직업이 아닌 과업을 수행하는 소수의 사람들, 예를 들면 성서를 필사하는 전문가들마저도 혼자서 작업했으며, 자신들이 무엇을 하는지 누구에게도 말할 필요가 없었다.

그러나 오늘날 거의 대다수의 사람들은 서로 다른 일을 하고 있는 다른 사람들과 함께 일한다. 마케팅 담당 부사장은 아마도 전직 판매원 출신이었을 테고, 판매에 대해서는 모든 것을 잘 알고 있을 것이다. 반면 판매촉진, 가격결정, 광고, 포장, 판매계획 등에 관해서는 모르는 것이 많을 것이다. 그런 일을 한 번도 해보지 않았을 수도 있다. 이 경우 그에게, 우리가 무엇을 위해 노력하고 그것을 하려는 이유가 무엇이며 그것을 어떻게 하고 어떤 결과를 기대하는지를 알도록 해주는 것은 부서 직원들의 책임이다.

만약 마케팅 담당 부사장이 그런 고급 지식 전문가들이 무엇을 하고 있는지 이해하지 못한다면, 일차적으로 그것은 그들의 책임이지 마케팅 담당 부사장의 책임이 아니다. 그들이 부사장에게 말을 안했기 때문이다. 그들이 부사장을 교육시키지 않았던 것이다. 반대로 자신과 함께 일하는 모든 사람에게 자신이 마케팅을 보는 관점, 추구하는 목적, 일하는 방식, 그리고 자기 자신과 다른 사람으로부터 무엇을 기대하고 있는지를 확실히 이해하도록 도와주는 것은 마케팅 담당 부사장의 책임이다.

관계책임의 중요성을 이해하고 있는 사람들마저도 흔히 자신의 동료들에게 필요한 정보를 말해주지도 않고 질문하지도 않는다. 자신을 주제넘은 사람, 꼬치꼬치 캐묻는 사람, 바보 같은 사람이라고 남들이 생각할까봐 두려워하는 것이다. 그러나 그들은 잘못 생각하고 있다.

어떤 사람이 자신의 동료에게 가서 "저는 이런 저런 것을 잘합니다. 저는 이런 식으로 일을 합니다. 제가 중요시하는 가치들은 이런 것입니다. 제가 집중적으로 기여하기로 계획하고 있는 것은 이런 것이고, 제가 달성하려는 결과는 이런 것입니다"라고 말하면, 그에 대한 반응은 언제나 "그것을 알려 주셔서 큰 도움이 됐습니다. 그런데 그것을 왜 진작 알려주시지 않았습니까?"가 된다. 그런 뒤 그 사람에게 "당신의 강점에 대해 제가 알아야 할 것은 무엇입니까?", "당신이 성과를 올리는 방식과 가치, 그리고 기여하고자 하는 것은 무엇입니까?" 하고 물으면 그는 똑같은 반응을 하게 된다.

사실 어떤 지식근로자는 자신과 함께 일하는 사람들에게, 그가 자신의 부하이든 상사이든 동료이든 팀의 구성원이든 간에, 그들의 행동을 지식근로자의 강점 그리고 지식근로자가 일하는 방식에 따라하도록 요구해야 한다. 예를 들면 읽는 자는 그들의 동료에게 보고서를 써주도록 요청해야 한다. 듣는 자는 그들의 동료에게 먼저 구두로 말해주도록 요구해야 한다. 다시 말하지만, 그렇게 할 때마다 상대방의 반응은 "말씀해주셔서 감사합니다. 무척 도움이 되었습니다. 그런데 왜 좀 더 일찍 질문해주시지 않았습니까?"라는 것이다.

더 이상 조직은 강압적으로 형성되지 않는다. 조직은 점점 더 신뢰를 바탕으로 형성되고 있다. 신뢰라는 것은 어떤 사람이 다른 사람을 좋아한다는 것을 의미하지는 않는다. 그것은 어떤 사람이 다른 사람과 한 약속을 지킨다는 것을 뜻한다. 그리고 그것은 서로가 서로를 이해하는 것을 전제로 한다.

그러므로 관계책임을 진다는 것은 절대적으로 필요한 사항이다. 그것은 의무다. 그 사람이 조직의 구성원이든 컨설턴트이든 공급자이든 관계없다. 사람은 자신과 함께 일하는 모든 사람, 자신이 의존하는 모든 사람, 자신이 수행한 일에 의존하는 모든 사람들에게 관계책임을 져야 한다.

chapter 06

지식근로자의 시간관리

▌시간, 독점적으로 소유할 수 없는 가장 평등한 자원

피터 드러커는 이렇게 말했다.

"오래되고 지혜로운 처방인 '너 자신을 알라' 는 죽음을 면치 못하는 운명이 지워진 우리 인간에게는 거의 불가능할 정도로 어려운 일이다. 그러나 모든 사람은, 만약 그가 원하기만 한다면 '너 자신의 시간을 알라' 라는 명제는 따를 수 있으며, 그 결과 목표달성으로 이어지는 길로 나아갈 수 있다. 목적을 달성하는 지식근로자는 먼저 자신의 시간이 실제로 어디에 사용되고 있는지를 파악해야 한다."

그러므로 시간이 무엇인지 알아볼 필요가 있다. 시간은 다음과 같은 속성을 가지고 있다.

첫째, 시간은 대체 불능 자원이다. 시간은 빌릴 수도 고용할 수도 구입할 수도 저축할 수도 남보다 더 많이 소유할 수도 없다. 누구나 하루 24시간 가진다. 시간은 철저히 대체 불가능하다. 다른 자원도 한계가 있긴 하지만 대체할 수는 있다. 예를 들어 알루미늄 대신에 구리를 대체해서 사용할 수 있다. 노동을 줄이는 대신 자본을 더 이용할 수 있다. 지식을 더 많이 이용할 수도 있고 노동을 더 많이 이용할 수도 있다. 그러나 시간만은 대체재가 없다.

그런데도 여전히 시간을 비생산적인 데 쓰도록, 낭비하도록 하는 압력이 끊임없이 가해지고 있다. 어떤 지식근로자라도, 그가 경영자이든 아니든 간에 전혀 성과를 올리지 못하는 일, 즉 '비성과 업무(nonperforming task)'에 꽤 많은 시간을 빼앗기고 있다. 많은 시간이 어쩔 수 없이 낭비된다는 얘기다. 그가 조직에서 높은 지위에 올라가면 갈수록, 조직은 그의 시간을 더 많이 요구하게 될 것이다.

어떤 대기업 사장의 이야기다. 그는 사장이 된 이후 2년 동안 크리스마스와 정월 초하루를 제외하고 매일 저녁 모임에 참석했다. 모든 저녁 모임은 회사 일과 관계되는 공식행사로서 몇 시간씩 계속되는 만찬이었다. 그렇다고 참석하지 않을 도리도 없었다. 그것이 30년 근속 직원의 퇴직 기념 모임이든, 회사 사업과 관련된 주(州)의 주지사를 위한 만찬이든 간에 사장으로서 빠질 수가 없었던 것이다. 물론 의전행사는 분명 그가 해야 할 일 가운데 하나다. 하지만 그는 저녁 모임이 회사에, 자기 자신의 즐거움에, 또는 자기계발에 어떤 도움이 된다는 환상을 갖고 있지는 않았다. 그럼에도 불구하고 참석해서 우아하게 식사를 하지 않으면 안 되었다.

　모든 지식근로자들의 생활에는 이와 비슷한 시간 낭비 요소들이 많이 있다. 회사의 주요 고객이 전화했을 때 판매부장은 "저 지금 바쁜데요"라고 말할 수 없다. 그는 진지하게 응대해야 한다. 비록 전화를 한 고객이 지난 토요일 밤의 브리지 게임 이야기, 자기 딸이 좋은 대학에 입학할 수 있을까 하는 등의 말을 하고 싶어 해도 말이다. 병원장은 병원 내의 모든 분과 회의에 참석해야 하는데, 그렇지 않으면 의사와 간호사, 의료기사, 그 외 많은 사람들이 자신들을 무시했다고 느낀다. 정부관료는 국회의원이 전화를 걸어와서 전화번호부나 연감을 보면 즉시 알아낼 수 있는 어떤 정보를 요구하더라도 정중히 대해야 한다. 이 같은 일이 하루 내내 계속되는 것이다. 경영자 계층이 아니라도 사정은 조금도 더 나을 게 없다. 그들 또한 생산성 향상에 아무런 도움이 되지 않지만 무시할 수 없는 일에 시간을 할애하도록 강요당한다. 그러므로 모든 직무는, 그것이 경영자의 직무든 아니면 하급 직원의 것이든 간에, 목표달성에 전혀 소용없거나 하찮은 일, 어찌됐건 하지 않을 수 없는 일에 시간을 사용하지 않을 수 없다.

　둘째, 시간에 대한 수요가 아무리 크다 하더라도 공급이 증가하지는 않는다. 시간에는 가격도 없고 한계효용곡선이라는 것도 없다. 게다가 시간은 저장할 수도 없다. 어제의 시간은 영원히 가버리고 결코 되돌아오지 않는다. 그러므로 시간은 언제나 심각한 공급부족 상태에 있다.

　셋째, 시간은 인간의 보편 조건이다. 시간이야말로 단 하나의 참다운 보편적인 조건이다. 모든 일은 시간 속에서 일어나고 시간을 소모한다. 그런데도 사람들은 이 고유하고 대체 불가능한 필수적 자원의 관리에 관심을 기울이지 않는다. 목적을 달성하는 경영자를 그렇지 않은 경영자와 구분시키는 특성으로 '시간에 대한 애정 어린 관리' 만큼 중요한 것은 없다.

대체로 사람은 자기 시간을 관리할 자세가 되어 있지 못하다. 대부분의 사람들은 아무것도 보이지 않는 상태에서도 공간감각을 유지한다. 하지만 전등이 켜져 있는 상태에서라도 몇 시간 동안 밀폐된 방 안에 있으면 시간이 얼마나 지났는지 알 수 없게 된다. 경과한 시간을 과대평가하기도 하고 과소평가하기도 한다.

▌기록보다 더 좋은 기억은 없다

기억만으로는 시간이 얼마나 경과했는지 알 수 없다. 드러커는 언젠가 기억력이 좋다고 자랑하는 경영자들에게 가끔 그들이 자신의 시간을 어떻게 사용하는지 추측하고 그것을 써보라고 요청했다. 그 다음 그것을 몇 주일 또는 몇 달 동안 보관해둔다. 그동안 경영자는 일을 하면서 실제로 사용한 시간을 기록한다. 결과를 비교했을 때 경영자들이 스스로 사용했다고 생각하는 시간과 실제로 기록한 시간이 일치한 적은 거의 없었다.

어느 기업의 회장은 자기 시간을 크게 3가지 부분으로 나눠서 사용한다고 확신했다. 3분의 1은 회사 간부들과 보내고, 3분의 1은 중요한 고객을 만나는 데 사용한다고 말했다. 나머지 3분의 1은 지역사회 활동을 위해 바친다고 여겼다. 그런데 6주일 동안 실제로 기록한 결과 이 3가지 부분에 시간을 거의 사용하지 않았음이 드러났다. 그가 말한 3가지는 그가 '시간을 할애해야 한다' 고 마음먹은 과업들에 지나지 않았다. 그러므로 기억이란 늘 무의식적으로 그런 일들이 실제로 시간을 보내고 있는 과업인 양 느끼게끔 만든 것에 지나지 않는다.

실제 기록에 따르면 그는 대부분의 시간을 독촉자 노릇을 하는 데, 예컨대 개인적으로 잘 아는 고객의 주문이 어떻게 처리되고 있는지 알아보고, 공장에 독촉 전화를 걸어 공장관리자들을 귀찮게 굴면서 보내고 있었다. 주문의 대부분은 잘 처리되고 있었으며, 그의 간섭으로 오히려 일이 지연되기도 했다. 그의 비서가 시간 기록을 가져왔을 때 처음에 그는 비서를 믿지 않았다. 그는 두세 번 정도 시간 기록을 더 해보고서야 시간의 사용에 대해서 기억보다 기록을 신뢰해야 한다는 것을 겨우 확신했다.

▌작업계획에 우선하는 시간계획

일반적으로 지식근로자의 신규 과업에 관한 논의는 대부분 작업계획에 대한 검토로부터 출발한다. 사실 그럴 듯하게 들린다. 그 경우 단한 가지 문제는 그것이 뜻대로 잘되지 않았다는 점이다. 계획은 늘 서류상의 것으로 끝나고, 언제나 좋은 의도의 표현으로 머무르고 만다.

드러커의 관찰로는 목적을 달성하는 지식근로자는 자기가 맡은 일부터 먼저 검토하지 않는다. 자기가 사용할 수 있는 시간을 먼저 검토한다. 계획을 수립하는 것으로부터도 출발하는 것이 아니라, 자기가 앞으로 사용할 수 있는 시간이 실제로 어느 정도인가를 파악하는 일부터 출발한다. 그리고 나서 신규 계획을 검토하는데, 자기가 사용할 수 있는 시간에 비해 비생산적인 것들을 잘라낸다. 마지막으로 그렇게 해서 얻어진 '활용 가능한' 시간을 가능한 한 가장 큰 연속적 단위로 통합한다. 그것을 다음의 3단계 프로세스로 요약할 수 있다.

첫째, 시간을 기록한다.

둘째, 시간을 관리한다.

셋째, 시간을 통합한다.

이와 같은 시간관리 기법이 지식근로자의 목표달성 능력에 기초적인 역할을 한다. 목적을 달성하는 지식근로자는 시간이 한정된 요소라는 것을 안다. 모든 프로세스에 있어서 산출고의 한계를 결정하는 것은 가장 희소한 자원이다. 우리가 어떤 프로세스를 진행하면서 '목표달성'에 한계를 결정하는 것은 바로 시간이다.

▌집중해서 연속적으로 활용하는 시간관리

사정이 그렇다 해도 지식근로자의 과업 대부분은, 최소한의 성과를 달성하기 위해서라도 상당히 많은 시간을 필요로 한다. 최소 요구 시간(minimum required time) 이하의 시간을 투입한다는 것은 순전한 낭비다. 그는 아무것도 달성하지 못하고 나중에 다시 시작하지 않으면 안 된다.

예를 들면 중요한 보고서의 초안 작성에는 적어도 6시간에서 8시간이 소요된다. 그러나 그 일에 하루 두 번, 한 번에 15분씩 3주 동안 도합 7시간을 들이는 것은 의미가 없다. 매번 얻는 것은 낙서만 가득한 메모뿐이다. 문을 걸어 잠그고 전화선을 빼놓은 채 방해받지 않고 연속으로 5시간 정도 보고서 작성에 집중하면, 드러커가 이름 지은 소위 '제로 드래프트(zero draft)'를 완성할 확률이 높다. 다시 말해 초안을 완성하기 직전의 원고는 쓸 수 있을 것이다. 그 다음부터는 비교적 짧은 시간 단위로 나누어 장별·절별·문장별로 다시 쓰고, 교정하고 편집 작업을 할 수 있다.

실험도 마찬가지다. 실험 장비를 갖추고 적어도 한 가지를 마무리하려면 한 번에 5시간에서 12시간을 연속적으로 써야 한다. 그렇지 않고 다른 일이 자꾸 생기게 되면 처음부터 다시 시작하지 않으면 안 된다.

목적을 달성하려면 모든 지식근로자, 특히 최고경영자는 시간을 연속적으로 사용할 필요가 있다. 사용 가능 시간(available time)이 짧은 단위로 나뉘어 있다면 전체 시간이 아무리 많아도 불충분한 것이 된다. 이 점은 사람들과 관련한 일에 시간을 보내는 경우 특히 그런 경향이 있는데, 물론 그것은 경영자가 해야 할 일 가운데 핵심적 과제다. 사람들은 시간의 소비자들이다. 게다가 대부분 사람들은 시간 낭비자들이다.

다른 사람들과 함께 겨우 몇 분이라는 시간을 보낸다는 것은 간단히 말해 비생산적이다. 만약 사람들에게 자신의 뜻을 전달하려면, 우리는 최소한 꽤 긴 시간을 필요로 한다. 부하의 계획, 방향, 업무성과에 대해 15분 만에 논의를 끝낼 수 있다고 생각하는 지식근로자는 스스로를 속이고 있는 셈이다. 그들에게 어떤 영향을 줄 정도로 논의하고 싶으면 적어도 1시간 이상이 필요하다. 만약 인간관계를 맺으려 한다면 한정 없이 많은 시간이 필요하다. 특히 다른 지식근로자와 관계된 일에서는 더 많은 시간이 필요하다. 이유가 무엇이든 (그것이 지식작업이어서 상사와 부하 사이에 직급이나 권위의 장벽이 없기 때문이든, 아니면 단순히 그가 사물을 너무 심각하게 생각하기 때문이든) 간에 지식근로자는 육체근로자보다는 동료와 상사에게 훨씬 많은 시간을 투입한다. 게다가 지식작업은 육체노동과 같은 방식으로 측정할 수 없기 때문에, 그가 올바른 일을 하고 있는지 얼마나 잘하고 있는지를 몇 마디 말로 간단히 평가할 수 없다.

육체근로자에게는 "우리의 작업량 기준은 한 시간에 50개 생산인데 당신은 겨우 42개밖에 생산하지 못했군요."라고 말할 수 있다. 지식근로자의 경우에는 그와 무릎을 맞대고 앉아서 그가 무엇을 해야 하는지, 그것을 왜 하는지를 곰곰이 생각해야 한다. 그가 만족스러운 직무에서 일하고 있는지 그렇지 않은지 감이라도 잡으려면 말이다. 그런 일은 시간을 많이 요구한다.

개인적 인간관계와 작업상의 관계가 혼합되면 시간이 많이 소비된다. 만약 서두르게 되면 마찰이 발생한다. 그렇지만 모든 조직에는 그런 혼합이 불가피하다. 함께 일하는 사람들이 많으면 많을수록 더 많은 시간이 상호작용 자체에 사용되므로, 작업과 성취 그리고 결과를 위해 투입되는 시간은 그만큼 줄어든다.

조직의 규모가 커지면 커질수록 지식근로자가 실제로 사용할 수 있는 시간은 줄어들 것이다. 그러므로 자기 시간이 어떻게 사용되는지 알고 자기가 마음대로 사용할 수 있는 그 적은 시간을 잘 관리하는 것은 지식근로자에게는 점점 더 중요해질 수밖에 없다.

조직의 구성원이 많으면 많을수록 인사 문제에 대한 의사결정은 더욱 더 빈번해진다. 그러나 인사 문제에 관한 빠른 의사결정은 대체로 잘못될 확률이 높다. 올바른 결정에 필요한 시간의 양은 놀라울 정도로 많이 소요된다. 이러한 결정에 관련된 것들은 오로지 같은 일을 여러 차례 경험한 뒤에만 분명해진다.

▌스스로 목표와 방향을 설정하는 지식근로자

지식근로자는 스스로 목표와 방향을 설정해야 하기 때문에, 자신에게 어떤 성과가 기대되고 있는지 그리고 그것이 기대되는 이유는 무엇인지 이해하지 않으면 안 된다. 그는 또한 자신의 지식 산출고를 활용해야 하는 다른 사람들의 작업도 이해하지 않으면 안 된다. 이를 위해 그는 많은 정보를 제공하고 토론하고 비전을 제시할 필요가 있다. 이 모두가 시간이 걸리는 일이다. 그리고 일반적인 상식과는 달리, 상사뿐 아니라 동료들에게도 이런 식으로 시간을 할애하지 않으면 안 된다.

지식근로자가 조금이라도 결과를 산출하고 실적을 올리기 위해서는 조직 전체의 결과와 실적에 초점을 맞추지 않으면 안 된다. 그것은 지식근로자가 자신의 비전을 작업 그 자체에서부터 결과로, 그리고 전문 분야로부터 외부 세계로, 즉 성과가 드러나는 유일한 장소인 외부 세계로 전환하기 위해 시간을 필요로 한다는 것을 의미한다.

지식근로자가 성과를 올리고 있는 큰 조직의 고위경영자들은 시간을 할애해 정기적으로 지식근로자와 마주 앉아서, 때로는 팔팔한 신입 지식근로자들과도 만나서 다음과 같이 의논한다.

"조직을 운영하는 우리가 당신이 하는 일에 대해 알아두어야 할 것이 무엇인가?"

"이 조직에 대해 당신이 하고 싶은 말은 무엇인가?"

"우리가 손대지 않고 있는 분야 가운데 가능성이 있는 분야는 어디라고 보는가?"

"우리가 아직도 모르고 있는 위험은 어디에 있다고 보는가?"

"총체적으로 말해 우리 조직에 대해 나에게서 듣고 싶은 것은 무엇인가?"

이런 여유 있는 대화는 정말이지 정부기관, 일반기업, 연구소, 군대의 참모 조직에서도 똑같이 필요하다. 이런 대화가 없으면 지식근로자들은 열의를 잃고 무사안일주의로 전락하든가, 아니면 에너지를 자신의 전문 분야에만 집중시켜 결과적으로 조직이 제공하는 기회와 필요성하고는 무관한 존재가 되고 만다. 그러나 그런 의견 교환은 시간을 많이 소모하는 것이기 때문에 서두르지 말고 여유를 가진 채 해야 한다. 그리고 "우리는 세상 모든 시간을 우리가 쓰고 있어"라는 느낌을 갖도록 해야 한다. 그것이 결국 많은 일을 빨리 해치우는 지름길이다. 그러나 그것은 또한 상당히 긴 시간을 연속적으로 사용할 수 있어야 하고 방해를 받지 않아야 한다는 것을 의미한다.

오늘날 선진공업국에서 여가를 보내는 데 곤란을 느끼는 사람들은 지식근로자가 아니다. 반대로 지식근로자는 세계 어디서나 점점 더 많은 시간을 일하고 있고, 또 그들이 응해야 할 시간적 요구는 더 커지고 있다. 그리고 시간 부족은 개선되기는커녕 더욱 악화된다.

이러한 사태의 중요한 원인 중 하나는 그들이 누리는 높은 생활수준이 혁신 경제에 대한 적응과 변화에 대한 적응을 전제로 하고 있기 때문이다. 그러나 혁신과 변화는 언제나 경영자로 하여금 엄청난 시간을 투입할 것을 요구한다. 사실 단시간 내에 생각하고 또 행동할 수 있으려면 모두가 이미 다 알고 있는 것을 수행하거나, 누군가가 이미 하고 있는 것을 행하는 수밖에 없다.

제2차 대전 후 영국 경제가 왜 그렇게 침체되었는지에 대한 토론이 많이 있었다. 그 결과 구세대에 속하는 영국의 기업인들이 노동자들과 마찬가지로 혁신과 변화에 대해 안이하게 생각했고, 노동자들처럼 짧은 시간밖에 일하지 않았다는 사실이 분명하게 드러났다. 영국의 기업인과 노동자의 태도는 기업이나 산업계 전체가 오래된 기존의 관습을 고수하고, 혁신과 변화를 꾀하지 않아도 될 때만 유효했던 것이다.

■ 사용한 시간을 기록하고 분석하는 방법

시간을 어떻게 사용하고 있는지를 파악하고 시간관리를 시도하려는 생각을 하기 전에, 먼저 사용 시간을 기록해두어야 한다. 1900년 경과학적 관리법이 도입되어, 어떤 육체작업의 구체적인 활동이 수행되는 시간을 기록하기 시작한 이래, 육체작업에 종사하는 숙련 및 비숙련 근로자의 시간관리 방법을 알고 있었다. 그러고 보면 지금까지 우리는 시간관리의 지식을 시간이 큰 문제가 되지 않는 일에 적용해왔던 셈이다. 즉, 시간의 이용과 낭비 사이의 차이를 일차적으로 비용인 곳에 적용했다는 말이다. 그러나 우리는 중요한 의미를 갖는 일에는 적용하지 않았다. 특히 시간이 문제 해결에 관건이 되는 분야, 즉 지식근로자 그리고 특히 경영자의 직무에는 이 지식을 적용하지 않고 있다.

지식근로자와 경영자에게 있어 시간의 이용과 시간의 낭비 사이의 차이는 목표달성 및 결과의 산출에 직접적인 영향을 주는 큰 차이를 초래한다. 그러므로 지식근로자가 목표를 달성하기 위한 첫 번째 단계는 실제로 사용한 시간을 기록해두는 일이다.

시간을 기록하는 구체적인 방법을 나열하는 것은 우리의 관심사가 아니다. 자기 스스로 시간을 기록하는 경영자도 있다. 사장은 대개 비서에게 시킨다. 중요한 점은 사용한 시간을 곧바로 기록해두는 것으로, 그것도 '실제' 시간을 기록하는 것이다. 추후 기억에 의존하는 것이 아니라 사건이 발생한 그 시간에 즉시 기록해야 한다는 점이다.

목적을 달성하는 지식근로자는 시간 기록을 지속적으로 해두고는, 그 결과를 매달 정기적으로 살펴본다. 지식근로자는 최소한 한 해에 연속적으로 두 번쯤, 한 번에 3~4주씩 정해진 스케줄에 따라 시간운용표라는 것을 만들어 스스로 기록한다. 그러나 6개월만 지나면 그들은 그들의 시간을 쓸데없는 일에 낭비하면서 '흘려보내고' 있다는 사실을 틀림없이 알게 된다.

시간 활용법은 연습이 필요하다. 시간 낭비는 지속적인 시간관리 노력으로 막을 수 있다. 그러므로 체계적 시간관리는 두 번째 단계의 할 일이 된다. 우리는 비생산적이고도 시간을 낭비하는 활동을 찾아내 가능한 한 그것들을 제거해야 한다. 그러기 위해서는 몇 가지 스스로 자기진단 질문(diagnostic questions)을 할 필요가 있다.

첫째, 전혀 할 필요가 없는 일, 즉 어떤 결과도 거둘 수 없는 완전한 시간 낭비형 일을 찾아서 제거해야 한다. 시간 낭비적인 일을 찾아내기 위해서는 시간기록표에 나타난 모든 활동에 대해 다음과 같이 질문한다.

"이 일을 전혀 시작하지도 않았더라면 어떤 일이 일어났을까?"

만약 그 대답이 "별일 없어"라고 나오면 그 다음 결론은 그 일을 당장 그만두는 것이다. 하지 않아도 아무런 문제가 없을 일을, 그 바쁜 사람들이 얼마나 많이 하고 있는지 알면 놀라울 따름이다. 예를 들어 바쁜 사람들의 시간을 터무니없이 자주 빼앗는 무수히 많은 연설, 만찬, 위원회 혹은 이사회 참석 등이 있는데, 이런 것들은 경영자들에게는 조금도 즐거운 일이 아니고 잘하는 일도 아니며, 마치 고대 이집트 시대 하늘이 내리는 천벌처럼 해마다 되풀이되는 참아야 하는 그런 일들이다. 만약 어떤 활동이 그가 공헌해야 할 조직, 자기 자신, 또는 그 활동의 결과물들을 사용하는 조직에 아무런 공헌을 하지 않는다면, 그가 꼭 해야 할 것은 "No"라고 거절하는 법을 배우는 일이다.

앞에서 언급한, 매일 저녁 만찬에 참석해야 했던 그 사장이 분석한 결과, 만찬 가운데 적어도 3분의 1은 회사 간부가 참석하지 않아도 지장이 없는 것이었다. 사실 (유감스럽게도) 그가 참석한 만찬들 가운데는 주최 측이 그의 참석을 실제로 달가워하지 않았다는 사실도 알았다. 주최측은 그를 의례적으로 초대했던 것이다. 게다가 주최측은 그가 당연히 불참할 것으로 여겼으며, 그의 참석을 오히려 난감하게 생각하는 경우도 있었다. 매일 저녁 만찬회에 참석해야 했던 사장은 공식 만찬 행사의 3분의 1은 회사의 고위급 임원이면 누구라도 대신 참석해도 된다는 사실을 알았다. 행사의 참석자 명부에 회사명을 기재하는 것으로 충분했다. 최근 우리나라 모 은행에서는 '안 해도 될 일 안 하기' 운동을 벌이고 있다.

둘째, 다른 사람에게 맡겨라. 시간운용표를 한 번 보기만 해도, 스스로 중요하다고 생각한 일과 하고 싶은 일 그리고 자기 책임 아래 꼭 해야 할 일 모두를 할 시간이 충분하지 않다는 것을 알 수 있다. 중요한 일에 집중할 시간을 확보하기 위해서는 어쨌든 다른 사람이 할 수 있는 일은 다른 사람들에게 맡기는 방법밖에 없는 것이다.

'권한위양(delegation)' 이란, 어떤 일을 때내어 그것을 다른 사람에게 위임하려는 것이 아니라, 진정 자기 자신의 과업을 수행하려는 것이 목적이다. 그것이야말로 목표달성을 하는 방법이다. 시간 낭비의 보편적인 원인은 대체로 지식근로자 자신이 통제할 수 있고 스스로 제거할 수 있는 것들에 시간을 투입하는 데 있다. 다시 말해 다른 사람이 사용할 시간을 스스로 낭비하고 있는 것이다.

셋째, 시간 낭비 업무가 무엇인지 다른 사람에게 물어본다. 목적을 달성하는 지식근로자는 체계적으로, 그리고 거리낌 없이 다음과 같이 질문하는 법을 배워야 한다. "내가 하는 일 가운데 당신의 목표를 달성하는 데 아무런 도움도 되지 않으면서 당신의 시간만 낭비하게 하는 일은 없는가?" 이렇게 질문할 수 있다는 것, 그리고 그것도 어떤 솔직한 대답이 나와도 두려워 할 것 없이 질문한다는 것은 목적을 달성하는 경영자의 한 특징이다.

경영자가 자신의 업무를 생산적으로 처리하는 방법(업무 수행 방법) 그 자체가 어쩌면 부하들의 시간을 낭비하는 주된 요인일 수도 있다. 어느 대기업의 재무담당 고위 중역은 자신의 사무실에서 개최되는 각종 회의가 시간만 많이 낭비하고 있다는 것을 잘 알고 있었다. 그는 의제에 상관없이 직속 부하들을 모든 회의에 참석시켰다. 그 결과 회의 참석자의 규모가 너무 커져버렸다. 그리고 참석자마다 자신이 회의에 관심을 갖고 있다는 것을 표시해야 했기 때문에 모든 참석자가 질문했다. 회의와 전혀 관계가 없는 질문이 대부분이었다. 결과적으로 회의는 끝임 없이 이어졌다.

그러나 그 고위 중역은 앞의 질문을 하기 전까지는 부하들 역시 회의를 시간 낭비로 생각하고 있다는 사실을 몰랐다. 그는 조직 내의 모든 사람들이 지위에 걸맞게 대우를 받는다는 것, 그리고 "나도 알고 있어"라는 정보공유 심리의 중요성을 알고 있었기 때문에, 회의에 초대받지 못한 사람들이 무시당한다거나 소외감을 느낄까봐 걱정했던 것이다.

지금 그 고위 중역은 다른 방법으로 부하들의 소속욕구를 만족시켜 주면서 시간을 낭비하지 않고 있다. 그는 회의 전에 다음과 같은 내용의 메모를 복사해 배포한다.

"나는 스미스와 존스 그리고 로빈슨에게, 수요일 3시 4층 회의실에서 내년도 자본지출 예산을 논의하기 위한 회의를 요청했습니다. 물론 참석 예정자 명단과 관계없이 회의에 참여하기 바라는 사람은 참석할 수 있습니다. 어떤 경우라도 회의가 끝나면 즉시 전체 내용과 의사결정 사항을 알려드리겠으며, 동시에 그에 대한 귀하의 의견도 요청하는 바입니다."

전에는 12명이 참석해 오후 내내 끌었던 회의가, 지금은 지명된 세 사람과 기록을 담당하는 비서 한 사람만으로도 1시간 전후면 결론을 얻고 있다. 그리고 아무도 소외감을 느끼지 않는다.

많은 지식근로자들이 이런 비생산적이고도 불필요한 시간요구에 대해 잘 알고 있다. 그렇지만 그들은 그런 낭비시간을 제거하기를 두려워한다. 그들은 자칫 잘못해 중요한 것을 놓쳐버리는 게 아닌가 두려워한다. 그러나 자신의 시간을 과도하게 아낌으로서 오히려 문제를 야기할 위험이 있다는 생각이 망상에 불과하다는 것은, 중병을 앓고 있는 환자 또는 중증 장애자가 놀라울 정도로 성과를 발휘하는 것을 보면 잘 알 수 있다.

제2차 대전 당시 프랭클린 루스벨트 대통령의 측근 참모였던 해리 홉킨스(Harry Hopkins, 1890~1946)는 죽음을 앞둔, 걷는 것조차도 고통스러울 정도로 빈사상태였다. 하루건너 겨우 몇 시간 정도 일할 수 있을 뿐이었다. 때문에 특별히 중요한 일 외에는 위임할 수밖에 없었다. 그러나 그것 때문에 업무수행 능력이 저하되지는 않았다. 윈스턴 처칠이 그를 일컬어 "중요한 일만 처리하는 도사"라고 극찬했듯이, 그는 워싱턴의 어느 누구보다도 많은 일을 했다.

▌시간 낭비가 생기는 이유

지식근로자들이 중요하게 관심을 기울일 또 다른 사항은 부실한 경영관리 및 조직상의 결함에서 오는 시간 낭비다. 부실한 경영관리는 모든 사람들의 시간을 낭비한다. 그러나 무엇보다도 그것은 경영자 자신의 시간을 낭비한다.

첫째, 시스템의 결함 또는 앞을 내다보는 안목의 부족에서 오는 시간 낭비 요인을 파악하라. 먼저 추적해야 할 증후는 해마다 주기적으로 발생하는 위기들이다. 같은 위기가 두 번 일어나게 해서는 안 된다. 매년 일어나는 재고관리상의 위기가 여기에 속한다. 지금 우리는 그것을 컴퓨터를 이용해 과거보다 훨씬 더 빨리 해결하고 있다.

반복해서 일어나는 위기는 대체로 예견할 수 있다. 그러므로 그것에 대해 예방 조치를 취하거나 아니면 사무직원이 처리할 수 있도록 '절차적' 인 업무(routine)로 격화시켜야 한다. 절차라는 것은 그 일을 하는 데 천재적인 인간을 필요로 했던 성질의 것을 미숙련근로자가 아무런 판단을 할 필요 없이 처리할 수 있도록 하는 것을 말한다.

맥나마라(Robert McNamara, 1916~2009)가 미 국방부 장관으로 취임하기 전, 매년 봄만 되면 미국 국방부는 회계연도 말인 6월 30일을 앞두고 무척 혼란스러웠다. 국방성의 모든 관료(문관 무관할 것 없이)들은 의회로부터 그해 회계연도에 지출 승인을 받은 예산을 사용할 용도를 찾기 위해 5월과 6월은 엄청나게 바빴다. 장군들과 관료들은 예산 불용액을 반납해야 할 상황이 올까 두려웠던 것이다(이런 식의 막판 돈잔치는 소련 계획 경제의 만성병이기도 했다). 맥나마라 장관이 즉각 인식한 것처럼, 그런 유의 위기는 전적으로 불필요한 것이었다. 예산관련법에 미사용 예산은 필요한 경우 보류해둘 수 있도록 하는 조항이 있었던 것이다.

둘째, 좋은 조직은 조용하다. 반복해서 일어나는 위기는 간단히 말해 우둔과 나태의 징후에 지나지 않는다. 잘 관리되고 있는 공장과 그렇지 않는 공장을 구별하는 법이 하나 있다. 성과가 극적인 공장은, 산업의 표본기업으로 알려진 공장은 방문객의 눈에 확 띄는 것이긴 했지만, 사실은 관리가 잘 안 되고 있는 기업이다. 잘 관리되고 있는 공장은 얼핏 따분해 보인다. 위기는 항상 예측되고 대처 방안은 이미 절차로 전환되어 있기 때문에 소란 피울만한 일은 하나도 일어나지 않는다.

공장과 마찬가지로 잘 관리되고 있는 조직은 '단조로운' 조직이다.

잘 관리되는 조직에서 발생하는 극적인 것들은, 과거에 누적된 위기를 해결하기 위한 소란이 아니라 미래를 만드는 기초적인 의사결정활동 때문이다.

셋째, 시간 낭비는 인력과잉 결과다. 어떤 일을 추진하는 데 인력이 부족해 애를 먹을 때가 있다. 어쨌든 일을 잘 처리한다 해도 진행과정에 차질이 발생한다. 그러나 그것은 일반적인 상황은 아니다. 보다 더 일반적인 사실은 오히려 인원이 너무 많아 목표를 달성하지 못한다는 것이다. 인원이 너무 많은 경우, 그들은 일 자체보다 그들 사이에 '상호작용' 하는 데 점점 더 많은 시간을 소비한다.

조직이 인력과잉이라고 판단할 수 있는 신뢰할 만한 사전 증후가 있다. 만약 조직 내 상사들이 자신의 시간 가운데 적은 몫이라고 생각될 정도 이상을, 어쩌면 10분의 1 이상을 '인간관계' 문제에 사용한다면, 예컨대 불화와 마찰, 관할권 다툼, 부문 간 협조에 관한 문제 그리고 기타 여러 가지 문제에 쓰고 있다면, 그 조직은 인력이 너무 많은 것이 거의 확실하다. 그런 조직에서 사람들은 서로 다른 사람이 할 일을 하고 있는 것이다. 사람들은 성과를 올리는 데 수단이 되는 것이 아니라 방해가 되고 있었던 것이다. 군살이 없는 조직에서는 사람들은 서로 충돌하지 않고 일을 수행할 것이고, 또 자기가 하는 일을 길게 설명할 필요 없이 일을 해나갈 수 있다.

넷째, 잦은 회의는 시간 낭비의 원인이자, 조직구조상의 결함을 의미한다. 원칙적으로, 사람은 회의에 참석하거나 또는 일을 하거나 한 가지밖에 할 수 없다. 사람은 2가지를 동시에 할 수 없다. 이상적으로 설계된 조직(항상 변하는 세계에서 이것은 물론 꿈에 지나지 않는다)에서는 회의 같은 것은 필요 없다. 모든 사람은 자신의 업무 수행 중 알아야 할 필요가 있는 것을 모두 알고 있다. 모든 사람이 자신의 업무를 수행하는데 필요한 자원을 갖고 있다.

우리가 회의를 하는 것은, 각자 다른 일을 하고 있는 여러 사람들이 어떤 특정의 공통 과업을 달성하기 위해 서로 협력하기 위해서다. 그러나 어쨌건 회의는 당연히 하는 것이 아니라 예외적으로 하는 것이어야 한다. 모든 사람들이 끊임없이 회의만 하는 조직은 무엇 하나 제대로 하는 사람이 없는 조직이다. 시간운용표가 회의로 점철된 조직은, 예를 들어 조직의 구성원들이 그들 시간의 4분의 1 또는 그 이상을 회의로 보내는 조직은 시간을 낭비하는 결함이 많은 조직이다.

회의가 지식근로자의 시간의 주요 부분이 되도록 허용해서는 절대로 안 된다. 지나치게 많은 회의는 직무의 구조가 잘못되어 있음을, 그리고 조직구성요소에 결함이 있음을 나타낸다. 너무 자주 열리는 회의는 단일 직무 또는 하나의 요소에 포함되어야 할 과업이 여러 가지 직무 또는 조직의 여러 부서에 분산되어 있다는 것을 암시한다(이런 폐단을 척결하는 것이 리엔지니어링이다). 회의가 많다는 것은 책임이 분산되어 있고 정보가 필요한 사람에게 제공되고 있지 않다는 사실을 나타낸다.

▌정보 손실은 시간 낭비의 동의어

어떤 큰 병원의 원장은 꼭 입원시켜야 할 환자를 위해 빈 병상을 찾아내라고 요구하는 환자 가족들의 전화로 수년 동안 시달렸다. 입원 업무를 맡고 있는 입원계 직원은 빈 병상이 없다는 것을 알고 있었다. 그러나 병원장은 거의 언제나 빈 병상 몇 개를 찾아내곤 했다. 환자가 퇴원해도 입원계 직원이 그 사실을 즉각 통보받지 못했기 때문이다. 물론 병동의 간호사는 환자의 퇴원 사실을 알았다. 그리고 퇴원 환자에게 청구서를 발급하는 창구 직원도 마찬가지로 그 사실을 알고 있었다.

입원계 직원은 매일 오전 5시에 빈 병상에 대한 조사를 했다. 그런데 거의 대부분 환자는 의사의 오전 회진이 끝난 이후 정오가 되기 전에 퇴원했다. 따라서 정오 이후에는 빈 병실이 있다. 이런 상황을 고치는 데는 천재가 필요하지 않았다. 필요한 것은 담당 간호사가 창구 직원에게 보내는 전표의 사본을 한 장 더 만들어 입원계에 보내는 것뿐이었다.

인력 과잉, 조직상의 결함, 정보 관련 기능장애 등 시간 낭비를 초래하는 경영관리상의 문제는 때로 간단히 개선될 수 있다. 또 어떤 때는 그것을 고치는 데 상당히 오랜 기간 동안 꾸준한 노력이 필요하다. 그러나 그런 개선작업의 결과는 엄청나다. 특히 시간의 절약이라는 측면에서 더욱 그렇다.

▌시간을 지배하고 통제하는 기술

시간을 기록하고 분석해서 관리하는 지식근로자는 자신의 중요한 일에 투입할 수 있는 시간이 얼마나 많은지 파악할 수 있게 된다. '자유재량 시간(discretionary time)'이 얼마나 많은지, 다시 말해 진정으로 공헌할 수 있는 큰 과업에 투입할 수 있는 시간은 얼마나 될까?

지식근로자가 아무리 무자비하게 시간 낭비 요인을 제거한다 해도,

자유재량 시간이 많이 남아도는 것은 아니다. 지식근로자의 지위가 높아질수록 자신이 통제할 수 없는 시간과 아무런 공헌도 못하는 시간의 비율도 커진다. 조직이 크면 클수록 조직의 기능들은 부서간의 상호작용과 결과를 생산하는 것보다는, 단지 조직을 유지하고 운영하는 데 더 많은 시간을 필요로 하게 될 것이다.

따라서 목적을 달성하는 사람들은 자신의 자유재량 시간을 통합한다. 방해받지 않는 상당히 연속적인 시간을 필요로 하며, 자투리 시간은 아예 쓸모가 없다는 사실을 알고 있다. 심지어 근무 시간의 4분의 1만이라도 (만약 그것을 길게 연속적으로 사용하기만 하면) 중요한 일을 하기에 대체로 충분한 시간이 된다. 그러나 하루의 4분의 3이라도 그것이 여기 15분 저기 30분식으로 나눌 수밖에 없다면 아무런 쓸모가 없는 것이다.

시간관리의 마지막 단계는 기록과 분석에 의해 밝혀진, 정상적으로 사용할 수 있고 또 경영자의 통제 아래 있는 시간을 연속적으로 묶는 일이다. 그러기 위한 방법은 여러 가지가 있다. 예를 들면 어떤 사람들은 일주일에 하루는 집에서 일한다. 이는 특히 편집자들이나 연구자들이 사용하는 시간 통합의 일반적인 방법이다. 어떤 사람들은 모든 일상적인 업무(회의, 검토, 문제점 토론 등)는 일주일에 두 번, 예컨대 월요일과 금요일에 하고, 그 나머지 날들의 오전에는 중요한 일에 대해 시종일관 연속적으로 몰두한다.

그러나 자유재량 시간을 연속적으로 통합하는 구체적인 방법은 시간관리에 대한 전체적인 전략에 비하면 별로 중요한 것이 아니다. 대부분의 사람들은 부차적이고 생산성이 낮은 일을 한꺼번에 처리할 수 있도록 연기함으로써, 다시 말해 그 사이에 시간을 말끔히 비움으로써 시간관리를 하려고 한다. 하지만 이러한 접근 방법으로는 그다지 좋은 결과를 산출하지 못한다. 그 사람은 여전히 마음속으로, 실제 스케줄 속에는 중요성이 낮은 일, 즉 공헌도는 낮지만 하지 않을 수는 없는 일에다 여전히 우선권을 주고 있다. 그 결과 갑작스럽게 해결해야 할 일이 나타나서 자유재량 시간을 소모하게 되는 경우가 많고, 그 자유재량 시간 동안 해야 할 일을 못하게 되고 만다. 그리하여 며칠 또는 몇 주일 후에는 자유재량 시간이 모두 없어진다. 새로운 위기와 긴급사항 혹은 새로운 사소한 일들이 그것을 다 갉아먹기 때문이다. 그러므로 목표를 달성하는 모든 사람들은 시간관리를 영구적으로 해야 한다.

목적을 달성하는 지식근로자는 연속적으로 업무를 처리할 뿐만 아니라, 연속적으로 처리해야 할 업무의 내용을 정기적으로 분석한다. 그들은 자유재량 시간에 대한 자신들의 판단을 기초로 중요한 업무 활동에 대해 스스로 마감일을 설정해두고 있다.

어떤 사람은 2가지 리스트를 갖고 있다. 하나는 긴급한 것이고 다른 하나는 내키지는 않으나 해야 할 일인데, 둘 다 마감일을 정해두고 있다. 만약 마감일을 지키지 못하게 되면 그는 자기 시간이 자신도 모르게 낭비된 것을 알고는 주의하게 된다.

시간은 가장 희소한 자원이므로 관리하지 못하면 다른 아무것도 관리하지 못하게 된다. 자기 시간 분석은 자신의 업무를 분석하고 그 업무에서 정말 중요한 것이 무엇인지를 생각하게 하는 체계적인 방법이다.

chapter 07

지식근로자와 지식생산성

▌ 지식의 비용과 지식생산성

자본과 노동이 중요 생산요소인 사회에서 경영자의 직무는 투자 대상 혹은 작업 대상에 자본과 노동을 효율적으로 배분해 소기의 목적을 달성하는 것이다. 마찬가지로 지식사회 경영자의 직무는 투자 대상 혹은 작업 대상에 지식을 배분하는 일이다. 이때 투입하는 지식은 사실상 2가지다. 하나는 기업이 축적하고 있는 지식이며, 다른 하나는 그 지식을 자신의 머리에 보관하고 있으면서 여러 곳에 저장된 지식들을 수집해 창의적으로 가공할 수 있는 지식근로자다.

지식은 헐값에 축적될 수 없다. 대체로 농산품과 공산품의 가격상승률은 개인의 소득상승률보다 낮지만, 교육비와 의료비는 소득보다 더 빠르게 상승한다. 다시 말해 지식 획득과 수명 연장을 위한 비용이 늘어난다는 말이다. 자본과 노동에 대한 대가가 이자와 인건비이듯, 지식의 축적에도 대가를 치러야 한다. 모든 선진국들은 국민총생산의 약 5분의 1을 지식 생산과 보급을 위해 지출한다. 정상적인 교육비(생산활동에 투입되기 전까지의 교육비)는 국민총생산의 약 10분의 1을 차지한다. 제1차 대전 무렵에는 약 100분의 2 전후였다.

지식을 생산하고 분배하는 데 비용이 얼마나 많이 드는지는 추정할 수 있다. 그러나 지식이 얼마나 많이 만들어졌는지, '지식 수익(return on knowledge)'이 무엇을 뜻하는지를 설명할 수는 없다. 경제적 활동을 수량적 관계로 표현하는 모델식 없이는 경제 이론이라고 할 수 없다. 경제 이론이 없다면 합리적인 선택을 할 수 있는 방법이 없게 된다. 합리적 선택은 경제학이 추구하는 모든 것이다. 과거 토지가 주요 생산요소였던 시대에 토지 가격은 생산력, 예컨대 토지의 비옥도에 의해서 결정되었다. 지식경제 시대에는 '지식생산성(productivity of knowledge)'에 따라 지식의 가격이 결정된다.

지식의 양, 바꿔 말해 지식의 양적 측면은 지식생산성, 즉 지식의 질적 측면만큼 중요하지는 않다. 그리고 이 사실은 새로운 지식에는 물론 기존의 지식과 그 응용에도 적용된다. 확실히 국가 또는 회사가 지식에 대한 투자로부터 얻는 수익은 점차 그들의 경쟁력을 결정하는 요인이 되고 있다. 점점 더 지식생산성은 각국의 경제적 성공과 사회적 성공 그리고 경제적 성과 향상 등에 있어 결정적 요인이 될 것이다.

지식생산성은 자본생산성(수익÷투입자본)이나 노동생산성(이익÷인원수 또는 매출액÷인원수)과 마찬가지로 수익÷지식투자(연구개발비, 교육훈련비 등)로 표시할 수 있다. 그리고 우리는 지식생산성이 국가·산업·조직 사이에서 엄청난 차이가 있음을 알고 있다. 몇 가지 예를 들어보자.

과학적·기술적 지식을 생산한 것으로만 본다면 영국이 제2차 대전 이후 세계 경제의 선두주자가 되었어야 했다. 항생물질, 제트기, 바디 스캐너, 심지어 컴퓨터조차도 영국의 발명품이었다. 그러나 영국은 이것을 성공적인 제품과 용역, 직무, 수출, 시장 확보로 연결하는 데 성공하지 못했다. 이러한 낮은 지식생산성은 영국 경제가 성장하지 못하고 지속적으로 쇠퇴하게 되는 원인이 되었다.

오늘날 미국의 기업들에서도 지식생산성과 관련해 이와 유사한 위험신호가 곳곳에서 나타나고 있다. 마이크로 칩 회사에서부터 팩스기 회사, 기계공구 회사, 복사기 회사에 이르기까지, 미국 기업들이 신기술을 발명해놓으면 일본 기업들이 곧바로 제품을 개발해 시장을 먼저 확보해버린다. 지식생산성, 지식의 한 단위 추가적인 투입에 대한 추가적인 산출의 증가에서 미국 기업들은 일본 기업들보다 뒤떨어진다. 중요한 분야에 있어 미국의 지식생산성은 뒤떨어지고 있다.

독일은 또 다른 좋은 예를 제공한다. 제2차 대전 이후 독일(적어도 1990년 재통일 때까지의 서독)은 엄청난 경제적 성장을 이룩했다. 서독은 매년 미국보다 1인당 4배, 일본보다는 3배를 더 수출했다. 서독은 낡은 지식을 적용해 그것을 향상시키고 개발하는 데 있어서 매우 높은 생산성을 올리고 있었다. 그러나 새로운 지식, 특히 첨단 기술, 즉 컴퓨터와 원거리 통신, 의약품, 신소재, 유전공학 등의 생산성에서는 무척 낮았다. 서독은 미국이 첨단 기술 분야에 투자한 만큼의 돈과 인력을 투입했다. 어쩌면 미국보다 더 많았을지도 모른다. 하지만 새로운 지식을 혁신으로 전환시키는 데 성공하지 못했다. 새로운 지식이 생산성을 올리지 못하고 그저 정보 수준에 머물러 있었던 것이다.

가장 배울 만한 예는 일본이다. 일본은 특히 지난 40년 동안 재래식 제조업과 새로운 지식 산업 등 모든 분야에서 잘 적응해왔다. 그러나 일본의 화려한 성장은 지식의 생산에 기초를 둔 것은 아니었다. 오히려 일본이 가진 대부분의 기술과 경영방식은 다른 나라에서 만들어진 것이었다. 그 대부분은 미국에서였다. 일본 국내에 지식기지를 구축하려는 진지한 노력은 1970년대 말까지는 시작조차 되지 않았다. 더욱이 세계 제2의 경제 강국이 된 1990년대에도 일본은 여전히 수출보다는 수입하는 지식이 더 많았다. 사실 일본은 경영지식을 미국으로부터 많이 도입했으나, 기술적 지식(technological knowledge)을 많이 도입하지는 않았다. 하지만 일본은 얻은 지식이 무엇이든지 간에 그 지식을 생산성 있게 만들었다.

▍지식 축적의 방법 그리고 지식 생태계

기업이 새로운 지식을 축적하는 데는 크게 2가지 방법이 있다. 하나는 특허권과 같은 지적재산권을 외부로부터 구입하는 것이고, 다른 하나는 내부에 축적하는 것이다. 내부 축적에는 3가지 방법이 있다.

첫째는 '개선(改善, improvement)' 이다. 기존의 제조공정, 제품, 서비스, 경영관리 방법을 끊임없이 보다 낫게 하는 것이다. 피터 드러커는 이를 가장 잘하는 나라로 일본을 꼽았다. 일본에서는 개선을 '카이젠(kaizen)' 이라 부른다.

둘째는 '개발(開發, developmemt)' 이다. 기존의 지식을 활용해 다른 새로운 제품, 제조공정, 서비스, 경영관리 방법을 개발하는 것이다.

셋째는 '혁신(革新, innovation)' 이다. 경제, 경영, 사회에 급격한 변화를 추구하기 위해 새로운 지식을 적용하는 일이다.

이 3가지 방법들은 함께, 그리고 동시에 작동되어야 한다. 3가지가 똑같이 필요하다. 나무를 보고 숲을 보지 못하는 것은 심각한 실수다. 반대로 숲을 보고 나무를 보지 못하는 것도 똑같이 잘못이다. 사람들은 단지 몇 그루의 나무를 심을 수 있을 뿐이며 또한 몇 그루를 자를 수 있을 뿐이다. 그러나 숲은 생태계, 즉 환경이다. 숲이라는 환경이 없으면 나무들은 잘 자라지 못할 것이다. 지식을 생산성 있게 하기 위해서 우리는 숲(지식 생태계)과 나무(개별 지식)를 동시에 보는 방법을 배워야 한다. 그리고 그것들을 연결하는 법도 배워야 한다.

요컨대 지식생산성은 국가, 산업, 기업의 경쟁적 지위를 결정하는 요인이 되고 있다. 지식에 관한 한 어떤 국가 어떤 산업 어떤 기업도 타고난 이점(利點)이나 불리점(不利點)을 갖고 있지 않다. 그들이 소유할 수 있는 유일한 이점은 보편적으로 이용할 수 있는 지식으로부터 그들이 얼마나 많은 지식을 획득하는가에 달려 있다. 국제 경제에서뿐 아니라 국내 경제에서도 유일하게 중요시 될 것은 지식의 생산성을 향상하는 경영자의 능력이다.

▎지식혁명의 원칙

지식투자에 대한 생산성을 향상하기 위해서는 지식을 체계적·조직적으로 적용하지 않으면 안 된다. 거기에는 4가지 원칙이 있다.

첫째, 지식이 목표에 도달하기 위한 각 단계들은 작고도 점진적이어야 한다. 그러나 목표는 야심차야 한다. 지식은 차별화하기 위해 적용되었을 때 생산성을 올리게 된다.

헝가리 출신 미국인 노벨상 수상자 알버트 폰 센트 기오르기(Albert von Szent Gyorgyi, 1893~1990, 미국의 생화학자로 1923~1931년 사이 레몬과 피망 등에서 비타민 C를 추출했고 이 업적으로 노벨 생리학–의학상을 받았다)는 생리학에 대변혁을 일으켰다. 자신의 업적을 설명해달라는 부탁을 받은 그는 헝가리 지방 대학의 무명 교수로 있던 자신의 스승에게 공을 돌렸다.

"박사학위를 받고 나는 교수님께 가스로 헛배가 부른 것에 대해 연구하겠다고 제안했습니다. 이에 대해 알려진 것도 없고 지금도 여전히 모르고 있으니까요. 그러자 교수님께서는 '매우 흥미롭군. 하지만 배가 부른 것 때문에 죽은 사람은 없지. 만약 자네가 어떤 결과를 얻게 된다면, 이건 말이지 정말로 만약인데, 그 결과들을 다른 분야에 적용해서 효과를 내야 하네' 라고 말씀하셨습니다. 그래서 저는 신체의 화학작용에 관한 연구를 하게 됐고, 그 결과 효소를 발견하게 된 것입니다."

둘째, 지식은 고도로 집중화되어야 한다. 개인에 의해서건 팀에 의해서건 간에, 지식을 향상하기 위한 노력은 목표와 조직을 필요로 한다. 이는 '천재적인 번득임' 이 아니다. 고된 작업이다.

기오르기의 모든 연구 프로젝트들은 하나하나가 모두 작은 단계였다. 그러나 그는 목표만큼은 높게 잡았다. 인체의 기본적인 화학작용을 밝혀보겠다는 목표를 세웠던 것이다. 마찬가지로 일본이 잘하는 카이젠은 하나하나의 단계에선 모두 작다. 여기서 조금 변하고 저기서 조금 개선되고 하는 것이다. 하지만 최종 목표는 단계별 개선을 통해 몇 년 뒤에는 완전히 다른 제품과 제조공정을 만들고 서비스를 제공하는 것이다. 바로 차별화다.

또한 지식을 생산적으로 응용하는 것은 변화를 기회로 이용하기 위한 체계적인 개발을 필요로 한다. 이것을 드러커는 《혁신과 기업가정신》에서 '혁신의 7가지 창문'이라고 불렀다. 이런 기회들은 지식 있는 개인 또는 팀의 능력과 강점에 부합되어야 한다.

셋째, 고도의 지식생산성은, 그것이 개선을 통해서든 개발이나 혁신을 통해서든 간에 오랜 회임기간 끝에 온다. 뿐만 아니라 지식생산성은 끊임없는 일련의 단기적인 결과들을 필요로 한다. 이렇게 해서 지식생산성은 모든 관리활동 가운데 가장 어려운 것, 즉 장기적 결과와 단기적 결과 사이에 시간적인 균형을 필요로 한다.

넷째, 연결이다. 지식생산성을 향상하기 위해서는 이미 알려져 있는 것에서부터 산출량을 증가시켜야 한다. 그것이 개인에 의해서 알려진 것이든 또는 집단에 의해서 알려진 것이든 상관없다. 옛날 미국에 한 농부가 있었다. 그는 농사를 훨씬 더 생산성 있게 하는 방법을 가르쳐주겠다는 제안을 받게 되었다. 그러자 그는 "나는 벌써 지금보다 2배나 잘할 수 있는 법을 알고 있소"라고 대꾸하면서 그 제안을 거절해버렸다.

우리들 대부분은 활용하고 있는 것보다 몇 배나 더 많은 지식을 보유하고 있다. 달리 말하면 우리는 갖고 있는 여러 지식들을 제대로 활용하지 못하고 있다. 우리는 사용하지 않는 공구상자의 한 부분처럼 지식을 모두 이용하지 않고 있다. "내가 알고 있는 것이 무엇인가?", "내가 배웠던 것이 무엇인가?", "과업을 해결하는 데 이것들을 적용할 수 있는가?"라고 묻는 대신, 전문적 지식 분야를 기준으로 과업을 분류하는 경향이 있다.

여러 조직의 최고경영자들과 같이 일하면서 드러커가 여러 차례 거듭해서 발견한 것은, 기업에 주어진 조직적·기술적인 도전들은 최고경영자들이 이미 갖고 있는, 아마도 그들이 대학의 경제학부에서 배웠을 그런 지식들로 해결할 수 있는 것들이었다. "물론 나도 알아"라고 말하는 것이 최고경영자들의 전형적인 반응이다. 그리고 뒤이어 "하지만 그건 경제학이지 경영학이 아니잖아"라고 말한다. 기업, 정부기관, 대학들을 조직하던 전통적인 방식은, 도구의 목적이 일을 하는 데 있는 게 아니라 도구상자의 구색을 갖추는 것이라고 믿도록 한층 더 우리를 부추긴다. 배우고 가르치는 일에 있어서 우리는 도구에 초점을 맞춰야 한다. 도구의 용도는 최종 결과에, 과업에, 작업에 초점을 맞추어야 한다.

"연결이 비결이다"라는 말은 영국의 소설가 포스터(E. M. Forster, 1878~1970, 포스터는 상징적·암시적인 수법을 써서 인간의 내면세계를 그렸다. 그는 영국적인 자유주의와 민주주의 전통의 보존자인 동시에 중산계급의 지적 속물성을 비판했으며, 사회와 문명의 냉철한 관찰자였다. 그러나 그의 관심은 사회비판보다도 인간성의 탐구에 있었다)의 충고였다. 그것이 바로 위대한 소설가의 비결이었다. 위대한 예술가의 비결이었을 뿐만 아니라 다윈(Charles Darwin, 1809~1882), 보어(Niels Bohr, 1885~1962), 아인슈타인과 같은 위대한 과학자의 비결이기도 했다. 연결시킬 수 있는 능력에 관한 한 그들의 수준이란 천부적인 것으로서, 우리가 그들을 '천재'라고 부르는 그러한 신비스런 능력일는지 모른다. 그러나 대체로 말해 기존의 지식들을 서로 연결해서 산출량을 올리는 것은 개인이나 팀 또는 조직 전체가 배울 수 있다. 또한 그것은 가르칠 수 있는 것이기도 하다.

▌지식근로자의 사람관리

인적자원관리만큼 전통적인 기본 가정을 충실하게 따르는 경영 분야도 없다. 비록 대부분은 무의식적이긴 해도 말이다. 그리고 이 분야만큼 가정과 현실이 그토록 서로 다르고 완전히 비생산적인 분야도 없다. "사람을 다루는 하나의 올바른 방법이 있다"거나 "있어야 한다"는 가정은 지금까지 인적자원관리에 관한 모든 저서나 논문의 밑바탕이 되고 있다.

이에 관해 가장 자주 인용되는 저서는 더글러스 맥그리거(Douglas McGregor, 1906~1964)의 《기업의 인간적 측면(The Human Side of Enterprise, 1960)》이다. 그는 경영자들이 사람을 다룰 때는 X이론과 Y이론 2가지 중 하나를 채택해야 한다고 말하면서, 그 가운데 Y이론만이 건전한 방법이라고 단언했다. 드러커는 이 책보다 조금 앞서 1954년도에 출판된 《경영의 실제(The Practice of Management)》에서 이와 비슷한 주장을 했다. 그 후 몇 년이 지나 에이브러햄 매슬로(Abraham

Maslow, 1908~1970)는 《유사이키언 경영(Eupsychian Management, 1962)》에서 맥그리거와 드러커가 오류를 범했다고 공박했다. 매슬로는 사람들은 각기 다른 방법으로 다뤄야 한다고 주장했다. 드러커는 즉각 전향자(轉向者)가 되고 말았다. 매슬로가 제시한 증거가 너무도 압도적이기 때문이었다. 하지만 오늘날까지도 몇 안 되는 사람들만 매슬로의 주장에 귀를 기울이고 있다.

우리는 돈만으로는 사람을 움직일 수 없다는 사실을 안다. 그러나 프레더릭 허즈버그(Frederick Herzberg, 1923~)가 그의 저서 《직무동기이론(The Motivation to Work, 1959)》에서 말한 것과 같이 금전적 보상에 따른 만족은 주요 위생 요인(hygiene factor)이다. 근로자에게 동기를 부여하는 것, 특히 지식근로자를 동기부여하는 것은 자원봉사자에게 동기를 부여하는 것과 동일하다. 그러나 우리가 아는 바와 같이 자원봉사자들은 보수를 받지 않기 때문에 오히려 보수를 받는 사람들보다도 자신이 수행하는 과업에서 더 큰 만족감을 느낀다. 그들은 무엇보다도 도전을 필요로 한다. 조직의 사명을 알아야 하고 또한 그것을 믿어야 한다. 끊임없이 훈련을 받아야 한다. 그들은 자신들이 일궈낸 결과들을 확인할 필요가 있다.

이런 주장 속에 담겨 있는 암시는 서로 다른 집단에 속해 있는 노동인구들이 서로 다르게 관리되어야 하며, 동일한 노동인구 집단에 속해 있는 사람들이라 해도 때에 따라 다르게 관리되어야 한다는 것이다. 피고용자들(employees)은 파트너(partner)인 것처럼 관리되어야 한다. 그리고 모든 파트너들은 권력관계가 동일하다는 것이 파트너십(partnership)의 정의다. 그들은 설득의 대상이다. 그러므로 인적자원관리는 점점 더 마케팅관리와 닮아가고 있다. 마케팅관리는 "우리가 원하는 것이 무엇인가?"라는 질문부터 시작하지 않는다. "고객이 원하는 것이 무엇이며, 그것의 가치와 목적과 결과가 무엇인가?"라는 질문으로 시작한다. 따라서 그것은 X이론이나 Y이론이 아닐뿐더러, 어떤 특정한 인적자원관리의 이론도 아니다.

어쩌면 우리는 인적자원관리에 관한 과제를 완전히 다시 규정해야 할지도 모른다. 그것은 '사람관리(managing the work of people)'가 아닐지도 모른다. 이론과 실무 두 분야 모두 그 출발점은 '성과관리(managing for performance)'가 되어야 할 듯하다. 출발점은 결과의 정의인지도 모르겠다. 오케스트라 지휘자와 미식축구 코치 모두 그 출발점은 달성하고자 하는 성과이듯이 말이다.

100여 년 전 프레더릭 테일러 이후부터 육체근로자의 생산성 향상이 사람관리의 중심 활동이었던 것처럼, 지식근로자의 생산성은 앞으로 인적자원관리의 중심이 될 것이다. 무엇보다도 그 과업은 조직의 구성원 그리고 조직의 과업을 수행하는 사람들에 대해 지금과는 매우 다른 가정을 필요로 할 것이다. 즉, 지식사회의 경영자 또는 리더는 사람들을 관리(manage)하지 않는다. 그들의 과업은 사람을 '리드(lead)' 하는 것이다. 그리고 그 목표는 개개인이 자신의 구체적인 장점과 지식을 활용해 생산성을 올리도록 하는 데 있다.

"사람을 다루는 데 하나의 올바른 방법이 있다"거나 혹은 "있어야 한다"는 이 기본적 가정에 조직의 구성원들 그리고 인적자원관리에 관한 다른 모든 가정들이 파생하고 있다. 그런 가정들 가운데 하나가 어떤 조직을 위해 일하는 사람들은 조직의 피고용자들이고, 풀타임

(full time)으로 근무하며, 그들의 생계와 경력을 전적으로 그 조직에 의존한다는 것이다. 이와 비슷한 또 다른 가정은 어떤 조직을 위해 일하는 사람들은 부하들(subordinates)이라는 것이다. 피고용자 또는 부하로 분류된 거의 대다수가 기술이 전혀고용거나, 있다 해도 매우 낮다고 가정되고 있으며, 이런 사람들은 지시받은 일만 기계적으로 수행한다고 가정되고 있다. 제1차 대전 동안 그리고 종전 무렵 이런 가정들이 형성되었을 때는 그것들은 타당하다고 할 만큼 현실과 충분히 부합되었다.

오늘날 이런 가정들은 어느 것 하나도 타당한 것이 없다. 어떤 조직을 위해 일하는 사람들 가운데 다수는 여전히 그 조직의 피고용자일 것이다. 그러나 대다수는 아니지만 많은 사람들이 (비록 그 조직을 위해 일을 하고 있지만) 더 이상 그 조직의 피고용자가 아닌 사람들이 계속적으로 꾸준히 늘어나고 있고, 풀타임 근로자가 아닌 것은 더 말할 것도 없다. 그들은 하청계약자로서 일하고 있는데, 예컨대 병원이나 제조공장의 수리용역을 제공한다거나, 정부기관 또는 기업의 자료처리 시스템을 운영하는 아웃소싱 계약자들(outsourcing contractors)이다. 그들은 임시직(temps)이거나 파트타이머(part-timers)이다. 점점 더 그들은 자신들이 보유한 능력을 기초로 일을 하거나 구체적인 계약기간 동안만 일하는 개별 계약자로 변신하고 있다.

어떤 조직에 풀타임으로 고용되어 있다 해도, 점점 더 소수의 사람들만이 부하 노릇을 하고 있다. 심지어 상당히 낮은 계층의 일자리마저도 그렇다. 그들은 지식근로자가 되고 있다. 지식근로자는 부하가 아니다. 그들은 동반자(associates)이다. 일단 수습기간이 끝나고 나면 그들은 업무에 대해 자신들의 상사보다도 더 많이 알지 않으면 안 된다. 그렇지 않으면 일을 그만두어야 한다. 사실 지식근로자가 일에 대해 그들이 일하는 조직 속의 어떤 사람보다도 더 많이 안다는 것은 지식근로자를 정의 내리는 데 필요한 요소다.

앞에서 언급된 마케팅 담당 부사장은 판매 경로를 따라 순방할 수 있을 것이다. 그는 판매에 대해서 실제로 많이 알고 있다. 그러나 그는 시장조사, 가격결정, 상품포장, 고객 서비스, 판매 예측에 대해서는 알지 못한다. 그러므로 그는 마케팅 부서 직원들더러 무엇을 어떻게 하라고 지시할 수 없을 것이다. 그럼에도 불구하고 마케팅 부서 직원들은 그의 부하들로 간주되고 있다. 그리고 그는 직원들의 실적과 기여에 대해 전적으로 책임지고 있다.

지식근로자들도 채용, 승진, 해고 등과 관련해서 상사에게 의존할 때는 부하임에 틀림없다. 하지만 상사가 자신의 업무를 수행하기 위해서는 이른바 부하들이 상사를 교육시켜줄 때만 가능하다. 다시 말해 상사로 하여금 시장조사나 고객 서비스 등의 분야에서 할 수 있는 게 무엇이고 뭘 해야 하며 그 결과가 무엇인지 이해하도록 해주어야 한다. 그런 다음 부하들은 그 방향으로 업무를 추진하기 위해 상사에게 의존한다. 또한 결과를 보고하기 위해 상사에게 의존한다. 다시 말해 그들 사이의 관계는 전통적인 상사 대 부하의 관계라기보다는 오케스트라 지휘자와 연주자들 사이의 관계와 훨씬 더 닮아 있다. 오케스트라 지휘자와 마찬가지로 지식근로자들을 고용하고 있는 조직의 상사는 부하로 간주되는 이들의 업무를 일반적으로 잘 수행할 수 없다. 예컨대 피아니스트 출신의 오케스트라 지휘자가 호른이나 튜 바를 연주할 수 없듯이 말이다.

지식근로자 또한 진행방향을 알리기 위해 상사에게 의존한다. 무엇보다도 조직 전체가 추구하는 목표와 가치 그리고 결과가 무엇이어야 하는지 규정하기 위해 상사에게 의존한다. 전체적으로 보면 풀타임 피고용자들 가운데 점점 더 많은 사람들이 마치 자원봉사자인 양 관리되고 있다. 그들은 분명히 보수를 받는다. 하지만 지식근로자들은 이동성이 높다. 그들은 언제라도 떠날 수 있다. 생산수단(means of production), 즉 지식을 보유하고 있기 때문이다.

▌지식근로자의 생산성 향상

선진국의 경영자들이 직면하고 있는 가장 큰 도전은 지식근로자와 서비스근로자의 생산성(productivity of knowledge and service worker)을 향상시키는 것이다. 이 도전은 앞으로 수십 년 동안 경영 과제(management agenda)로서 지배적 위치를 차지하게 될 것이며, 궁극적으로 기업의 경쟁력을 결정하게 될 것이다. 그러나 한층 더 중요한 것은, 그 도전이 모든 산업국가의 사회구조와 개인 삶의 질 자체를 결정할 것이라는 사실이다.

지난 수십 년 동안 선진국의 제조업, 농업, 광업, 건설업, 운송업 등의 생산성은 1년에 3~4퍼센트 비율로 증가해 50배나 향상되었다. 선진국과 그 국민이 향유해왔던 모든 혜택(가처분 소득과 구매력의 엄청난 증가, 한층 넓어진 교육 기회와 의료혜택, 여가시간의 향유 등)은 이러한 폭발적인 생산성 증가 덕분이었다. 특히 여가시간은 다른 모든 사람들이 1년에 최소한 3,000시간을 일했던 1914년 이전까지는 귀족들과

유한계급(idle rich)만이 누리던 특권이었다.

그러나 이러한 혜택은 점점 사라지고 있는데, 그 이유가 물건을 생산하고 운반하는 일의 생산성이 떨어졌기 때문은 아니다. 사람들이 일반적으로 믿고 있는 것과는 반대로, 이러한 활동들의 생산성은 여전히 거의 같은 비율로 향상되고 있다. 그리고 미국의 생산성은 일본이나 독일과 마찬가지로 충분히 향상되고 있다. 절대적인 숫자로 볼 때 1980년대 미국의 제조업 생산성이 1년에 약 3.9퍼센트 증가한 것은 그에 상응하는 일본과 독일의 연간 증가액보다 실질적으로 더 큰 것이었고, 연간 4~5퍼센트에 달하는 미국의 농업생산성 증가율은 어느 나라 어느 시대와 비교해도 단연 최고의 기록이다. 하지만 생산성 혁명은 이제 끝났다. 제품의 생산과 운반에 종사하는 사람들의 수가 너무 적어져 그 분야의 생산성 향상에 결정적인 역할을 못하기 때문이다.

선진국에서 물건의 생산과 운반에 종사하는 사람들의 수는 모두 합해서, 전체 노동인구의 5분의 1 미만이다. 겨우 30년 전만 해도 다수를 차지했었다. 제조업이 여전히 강한 일본에서마저도 제조업 분야의 생산성 향상이 일본의 경제성장을 지탱시켜줄 것으로 더 이상 기대할 수 없다. 일본의 노동인구 중 대부분은 (다른 모든 선진국들과 마찬가지로) 생산성이 낮은 지식근로자와 서비스근로자들이다. 미국과 일본 그리고 대부분의 서유럽 국가들처럼 한 국가의 농업인구가 전체 고용인구의 3퍼센트 정도만 차지하게 되면, 농산물 산출량을 기록적으로 증가시킨다 해도 그들 나라의 전반적인 생산성과 부(富)에는 사실상 기여하는 바가 전혀 없게 된다.

따라서 선진국들의 경제적 최우선 과제는 지식작업(knowledge work)과 서비스작업(service work)의 생산성을 향상시키는 것이어야 한다. 이런 일을 가장 먼저 실행에 옮기는 국가는 경제적으로 21세기를 지배할 것이다. 하지만 선진국들이 직면한 가장 시급한 사회적 도전은 서비스작업의 생산성을 향상시키는 일일 것이다. 이런 도전을 해결하지 못하면 사회적 긴장과 양극화 현상이 증가하고 심지어 계급투쟁의 가능성마저 생기게 될 것이다.

▌더 현명하게 일하는 방법

선진국 경제에서 경력 기회와 승진 기회는 교육 수준이 높고 지식작업에 적합한 사람들에게만 점점 더 한정되고 있다. 그러나 이런 자격을 갖춘 사람들은 언제나 소수다. 미숙련서비스 업무 외에 다른 업무를 수행할 자질이 없는 사람들이 지식작업에 적합한 사람들보다 언제나 더 많다. 사회적 지위가 100년 전 '프롤레타리아'의 그것에 상응하는 사람들, 그리고 폭발적으로 증가하는 산업도시에 모여들어 공장으로 유입되었던, 교육 수준이 낮고 미숙련된 사람들 말이다.

1880년대 초 모든 지식인들은 산업사회의 프롤레타리아와 부르주아 사이의 계급투쟁이라는 망령에 사로잡혀 있었다. 프롤레타리아의 '궁핍화'가 반드시 혁명으로 이어질 것이라고 예견한 사람은 마르크스 한 사람만이 아니었다. 그 당시의 사람들에게는 매우 합리적으로 보였고, 진정 거의 자명하게 보였던 예언들을 빗나가게 한 것은 1881년 프레더릭 테일러가 촉발한 생산성혁명이었음은 이 책 제1부에서 분석했다.

　지금은 또 다른 생산성혁명을 시작해야 할 시기다. 그러나 이번에는 역사가 우리 편(평등보다는 자유를 우선시 하는 사람들)을 손들어주고 있다. 1세기 동안 우리는 생산성 자체와 그것을 향상시키는 방법에 대해 많은 것을 배웠다. 우리는 지식혁명을 필요로 한다는 사실도 알았고 지식혁명을 시작하는 방법도 충분히 알았다.

　지식근로자와 서비스근로자는 학문연구에 종사하는 과학자에서부터 심장전문의, 제도사와 점포관리자 그리고 토요일 오후 패스트푸드점에서 햄버거를 굽고 있는 청소년에 이르기까지 매우 다양하다. 그들의 계급에는 수행하는 업무의 성격상 기계 운전자(machine operator)로 분류되는 사람들도 포함된다. 예를 들면 접시 닦는 사람, 청소부, 자료입력 사무원 등이다. 그들이 가진 지식, 숙련도, 책임, 사회적 지위, 급여 수준 등은 다 다르지만, 2가지 중요한 측면에서 지식근로자와 서비스근로자는 현저하게 서로 닮아 있다. 즉, 무엇이 그들의 생산성을 향상시키는 데 효과가 있거나 없는지에 관해서 말이다.

　50년 전 우리는 컴퓨터가 사무직과 스태프를 대폭 축소할 것으로 확신했었다. 보다 큰 생산성 향상에 대한 기대는 자료처리 장비(data-processing equipment)에 대한 대규모 투자로 이어졌는데, 그것은 지금 재료가공 기술(material processing technology), 즉 재래식 기계류에 그만한 투자를 하는 것과 비교된다. 그런데도 정보기술이 도입된 이후, 사무실과 사무직 종업원들은 그 이전에 비해 훨씬 더 빠른 속도로 증가되었다. 그러나 서비스작업의 생산성은 사실상 전혀 증가하지 않았다.

　병원이 적절한 본보기다. 1940년대 후반에 병원은 노동집약적 조직으로서 시설 투자라고는 벽돌과 모르타르와 침대를 제외하고는 거의 없었다. 수많은 병원들이 당장 쉽게 활용할 수 있는 기술에 대해서도 투자하지 않았다. 그 당시 병원들은 방사선과도 임상연구실도 물리치료실도 없었다. 오늘날 병원은 엄청나게 자본집약적이다. 초음파 진단기, 단층 방사선 투시장치, MRI, 혈액 및 조직 분석 장치, 무균실, 그리고 이외에도 상당수의 신기술에 대해 막대한 금액을 투자하고 있다. 그런데 이러한 각각의 장비들은 그것의 운용을 위해 더 높은 급료를 받는 직원들을 충원해야 할 필요성만 초래했을 뿐, 기존의 스태프를 한 사람도 줄이지 못했다. 의료비 상승은 대부분의 병원이 노동집약적인 동시에 자본집약적인 괴물로 둔갑한 결과다.

지식생산성을 대대적으로 향상하는 것만이 이러한 곤경에서 탈출하는 유일한 길이다. 그리고 이런 생산성 향상은 '더 현명하게 일하기(working smarter)'로만 달성될 수 있다. 간단히 말해 이는 '더 열심히(working harder)'나 '더 오래(working longer)' 일하지 않고서도 더 높은 생산성을 내는 작업 방법이다.

과거 경제학자들은 자본투자를 생산성 향상을 위한 열쇠라고 보았고, 기술 전문가들은 새로운 기계가 최고의 기여자라고 생각한다. 하지만 생산성 폭발의 숨은 주역은 사실 '더 현명하게 일하기'였다. 자본투자와 기술개발은 선진국에서는 산업혁명이 일어난 처음 130년(1750~1880) 동안과 마찬가지로 그 후 70년(1880~1950) 동안에도 풍부하게 이루어졌지만 자본생산성이 계속적으로 향상되지는 않았다. 따라서 물건을 생산하고 운반하는 작업의 생산성이 급속도로 향상된 것은 오직 '과학적 관리법'의 도입과 더불어 가능했던 것이다. 이 점은 지식작업과 서비스작업에서도 같을 것이다. 제조업에서 '더 현명하게 일하기'는 생산성 향상에 있어 하나의 열쇠에 지나지 않는다. 하지만 지식작업과 서비스작업에서 '더 현명하게 일하기'는 유일한 열쇠다. 게다가 이 열쇠는 훨씬 복잡한 것으로, 테일러가 전혀 상상하지 못했던 방법으로 주의 깊게 작업을 관찰할 것을 필요로 하고 있다. 지식작업의 방법은 다음과 같다.

첫째, 과업을 규정한다. 지식근로자의 생산성에 관한 중요한 질문 중 첫 번째는, "지식작업에 있어 과업이 무엇인가?" 하는 것이다. 이는 육체근로자 생산성에 관한 것과 가장 크게 차이 나는 질문이다. 이렇게 질문하는 이유는, 육체작업과 달리 지식작업은 근로자가 무엇을 해야 한다고 사전에 계획되지 않기 때문이다. 육체작업에서의 핵심 질문은 언제나 "작업은 어떻게 수행되어야 하는가?"이다. 육체작업에서 과업은 언제나 주어진 것이다. 육체근로자 생산성에 관해 연구하는 사람 가운데 누구도 "육체근로자가 해야 할 작업 그 자체가 무엇인가?"라고 질문해본 적은 없다. 그들의 유일한 질문은 "어떻게 하면 육체근로자가 (이미) 주어진 작업을 가장 잘 수행할 수 있는가?"였다.

자동차 조립공정에서 바퀴를 조립하는 근로자는 조립공정에 차대 (섀시)가 도착하고, 이어서 바퀴가 도착하는 동시에 그것을 조립하도록 작업(또는 직무)이 사전에 계획되어 있다. 즉, 육체작업에서 무엇을 해야 할지는 항상 분명하다. 그러나 지식작업에서는 과업 자체가 근로자에게 무엇을 하라고 지시하지 않는다. 결국 지식근로자의 창의성과 판단 능력이 중요하고 이를 뒷받침할 조직분위기가 중요하다.

결론적으로 (어떤 분야에 종사하는) 지식근로자의 과업은 '만족하는 고객'을 창조하는 것이다. 고객을 만족시키기 위해서는 우선 지식근로자 스스로 '만족'이 무엇을 의미하는지 규정해야 한다.

테일러가 삽으로 모래를 푸는 작업을 연구했을 당시, 그가 오로지 관심을 두었던 질문은 "그 일은 어떻게 수행되는가?"였다. 거의 50년이 지난 뒤 하버드대학교의 엘튼 메이요(Elton Mayo, 1880~1949)가 테일러의 과학적 관리법(scientific management)을 뒤엎고 인간관계(human relations)로 불리는 것으로 대체하려고 했을 때, 그 또한 같은 질문에 초점을 맞추었다. 웨스턴일렉트릭(Western Electric) 사의 호손(Hawthorne) 공장에서 실시한 실험 때 메이요는 다음과 같이 질문했다.

"어떻게 하면 전화 장비의 권선작업을 가장 잘 수행할 수 있는가?"

여기서 요점은 물건을 생산하고 운반하는 작업에서 과업은 당연히 주어진 것으로 간주된다는 사실이다.

그렇지만 지식작업 및 서비스작업의 경우, 생산성 향상과 관련된 첫 번째 질문은 다음과 같아야 한다.

"과업은 무엇이며 달성하려는 것은 무엇이며 왜 그 일을 하는가?"

이런 작업을 통해 얻게 되는 가장 쉬운, 그러나 어쩌면 또한 가장 큰 생산성 혜택은 과업을 규정하는 것으로부터 나오는데, 특히 수행될 필요가 없는 과업을 제거함으로서 나온다.

둘째, 불필요한 과업을 제거한다. 1906년과 1908년 사이 시어즈(Sears)는 접수된 우편주문 봉투에 들어 있는 돈을 세는 (시간이 많이 소비되는) 작업을 제거했다. 주문서와 동봉된 돈 봉투를 개봉하는 대신

시어즈는 자동으로 그 무게를 달았다. 그 당시 시어즈의 모든 고객들이 사실상 대금을 동전으로 지불했다. 만일 돈 봉투의 무게가 주문금액과 별 차이가 없다면 개봉하지 않았다. 같은 방식으로 시어즈는 주문처리 일정과 선적 일정 계획도 접수되는 우편물의 중량에 따라 수립(주문우편 1파운드 당 주문건수 40건이라고 가정)함으로써, 각각의 접수된 주문을 일일이 기록하는, 즉 앞의 돈 계산보다 한층 더 많은 시간을 소비하던 작업을 제거시켰다. 2년도 채 되지 않아 이런 조치는 전체 우편주문 작업의 생산성을 10배나 증가시켰다.

최근 어느 주요한 보험회사는 액수가 매우 큰 보험금 청구를 제외한 모든 보험금 청구에 대해 (지금까지 하던) 정밀한 조회작업을 중단함으로써 보험금 지급 부서의 생산성을 거의 5배(보험금 청구 1건당 15분에서 3분) 향상시켰다. 그들이 늘 하던 식으로 30개 항목을 확인하는 대신, 이제는 정산 담당자가 단 4개 항목만 조회한다. 1) 보험증권이 여전히 유효한가? 2) 보상한도금액과 청구금액이 일치하는가? 3) 보험 증권소비자의 이름과 사망진단서 상의 이름이 일치하는가? 4) 수혜자의 이름과 청구인의 이름이 일치하는가?

이런 변화를 촉발한 것은 "과업은 무엇인가?"라고 질문하고 이에 대해 "사망보험금 청구를 가능한 한 빨리 그리고 싸게 지급하는 것"이라고 답을 얻어낸 데 있었다. 지금 이 회사가 보험금 청구를 확인하기 위해 하는 일이라고는 2퍼센트의 표본만 골라 정밀하게 조사하는 작업뿐인데, 그것은 청구 건수 가운데 매 50번째 건을 전통적 방법으로 처리하는 것을 의미한다.

몇몇 병원에서는 무의식 상태 또는 출혈이 많아 기다란 입원서류를 기입할 수 없는 응급환자를 받아들일 때와 같은 방식으로 모든 환자들을 접수·처리함으로써, 입원절차에 들어가는 노동력과 비용의 대부분을 절감했다.

이런 병원들은 "응급실의 과업은 무엇인가?"라고 질문했고, "환자의 성명, 성별, 연령, 주소 그리고 진료비 지불방법을 파악하기 위해"라는 답을 얻었다. 이런 정보는 사실상 모든 환자들이 소지하고 있는 의료보험카드에 있는 내용이었고 컴퓨터로 처리할 수 있다.

이는 모두 서비스작업의 예다. 지식작업에서도, 과업을 규정할 필요가 없는 일들을 제거하는 것은 한층 더 필요할 뿐만 아니라 훨씬 더 큰 결과를 초래한다.

셋째, 한 가지 과업에 집중한다. 사람들이 물건을 생산하고 운반할 때, 그들은 한 번에 한 가지 일만 한다. 테일러가 연구했던 노동자들은 삽으로 모래를 퍼내었다. 그는 동시에 용광로에 불을 지피지는 않았다. 메이요가 연구했던 권선실의 여자들은 납땜작업을 했다. 덤으로 완제품 전화기를 시험하지는 않았다. 옥수수를 경작하는 아이오와 주의 농부는 밭을 갈다 말고 회의에 참석하기 위해 트랙터에서 내리지 않는다. 지식작업과 서비스작업도 집중을 필요로 한다. 외과의사는 수술실에서 전화를 받지 않으며, 고객과 상담 중인 변호사도 마찬가지다.

그러나 거의 모든 지식작업과 서비스작업이 이뤄지고 있는 조직 내에서는 주의력 분산은 점점 더 작업상 규범이 되고 있다. 최고경영자 자리에 있는 사람들은 간혹 한 곳에 주의를 집중시킬 수 있다. 그러나 대다수의 엔지니어, 교사, 판매원, 간호사, 중간관리자 등은 꾸준히 늘어나는 바쁜 일거리를 처리하지 않으면 안 된다. 다시 말해 기업가치 증가에 거의 기여하지 않는 활동들, 그리고 이런 전문가들이 갖추고 있는 자격과 받고 있는 월급과는 상관도 없는 활동들 말이다.

우리는 간호사 부족에 대한 이야기를 많이 듣는다. 간호사 업무에 종사하는 간호대학 졸업자들의 수는 꽤 여러 해 동안 꾸준히 증가해 왔다. 동시에 입원 환자들의 수는 급격히 감소하고 있다. 이런 역설에 대한 설명은 다음과 같다. 지금 간호사들은 자신들이 배웠고 또한 월급을 받는 일, 즉 간호업무에는 자기들의 시간 중 오직 절반밖에 할애하지 못하고 있다. 그 나머지 절반은 그들이 익힌 기술과 지식을 요구하지 않는 활동들, 의료 면에서나 경제적 가치 면에서나 아무런 기여를 하지 못하는 활동들, 그리고 환자의 간호와 환자의 복지와는 상관이 거의 없거나 또는 전혀 없는 활동들에 소비되고 있다. 당연히 간호사들은 노인 의료보험, 저소득자와 신체장애자 의료보장제도, 보험환자, 진료비 청구 부서, 의료사고 소송 예방과 관련한 서류처리 업무에 여념이 없다. 이는 직무충실화(job enrichment)가 아니다. 직무 궁핍화(job impoverishment)이다.

그에 대한 해결책은 당연히 꽤나 간단하다. 그것은 작업(work)을 과업(task)에, 예컨대 간호사의 작업을 환자의 간호라는 과업에 집중시키는 것이다. 이것은 '더 현명하게 일하기'로 나아가는 두 번째 단계다. 예를 들면 몇몇 병원들은 간호사들이 하는 업무 중 서류처리 업무를 빼앗아 사무원에게 맡겼다. 그 결과 환자에 대한 간호 수준이 높아지고 간호 업무에 할애하는 시간이 급격히 늘어났다. 그리하여

그 병원들은 간호사들을 4분의 1에서 3분의 1로 줄일 수 있었고, 또한 간호 분야의 인건비를 상승시키지 않으면서도 급여를 올려줄 수 있었다.

이런 식의 개선을 하려면 모든 지식직무(knowledge job)와 서비스직무(service job)에 대해 다음과 같은 두 번째 질문을 해야 한다.

"우리는 무엇 때문에 급여를 지불하는가? 이 직무가 창출할 부가가치는 무엇인가?"

물론 이에 대한 답이 항상 명확하거나 논란의 여지가 없는 것은 아니다.

지식작업과 서비스작업은 주어진 직무에서 거둔 생산적 성과(productive performance)가 실질적으로 무엇을 대변하고 있는지를 살펴보면 3가지 뚜렷한 범주로 분류될 수 있다. 이 과정, 즉 성과를 규정하는 과정이 '더 현명하게 일하기'를 향한 세 번째 단계다.

첫 번째 범주는 이렇다. 어떤 지식직무와 서비스직무에서 성과라는 것은 질(quality)을 의미한다. 연구실의 연구의 양(quantity)은 질에 비해 거의 부차적이다.

두 번째 범주는 질과 양이 함께 성과를 형성한다. 대다수의 지식작업과 서비스작업은 이 범주에 포함된다. 백화점의 판매활동이 하나의 예다. '만족한 고객'을 창출하는 것은 매출전표에 표시된 판매금액만큼이나 중요하지만, 그것을 규정하기란 쉽지 않다.

세 번째 범주로 그 성과가 물건을 생산하고 운반하는 작업과 같은 방법으로 규정되는 수많은 서비스직무(서류정리, 사망보험금 청구 처리, 병상 정돈 등)가 있다. 이런 직무의 성과는 대부분 양(예를 들면 병상을 적절히 정돈하는 데 소요되는 시간)으로 결정된다.

과업을 규정하고, 작업을 한 가지 과업에 집중시키며, 성과를 규정하는 이 3가지 단계는 그 자체로서 실질적인 생산성 향상을 이룩할 것이다. 이 3가지 단계는 몇 번이고 되풀이해서 수행되어야 한다. 대체로 매 3년에서 5년마다, 확실하게는 작업 또는 작업조직이 변할 때마다 되풀이해야 한다. 하지만 그렇게 되면 그 결과로 나타나는 생산성 향상은 산업공학과 과학적 관리 또는 인간관계 학파가 제조 분야에서 지금까지 이룩해낸 것을 능가하지는 않는다 해도 같은 수준은 될 것이다. 다시 말해 이 3가지 단계는 지식작업과 서비스작업에서 우리가 필요로 하는 새로운 생산성혁명을 일으켜야 한다.

'더 현명하게 일하기'를 위한 네 번째 단계는 경영층이 직무를 직접 수행하고 있는 사람들, 즉 한층 더 생산적이어야 할 사람들과 동반자 관계(partnership)를 형성하는 일이다. 그 목적은 생산성에 대한 책임과 성과에 대한 책임을 직무의 수준, 난이도, 기술에 관계없이 모든 지식직무와 서비스직무에 확립시키려는 것이다.

테일러는 자신이 연구했던 작업자들에게 "어떻게 하면 그들의 직무가 개선될 수 있는지"에 대해 그들이 생각하는 바를 한 번도 질문하지 않았다고 해서 가끔 비난받았다. 테일러는 작업자들에게 지시만 했다. 메이요도 한 번도 묻지 않고 지시만 했다. 그러나 테일러의 (그리고 40년 뒤 메이요의) 방법론은 전문가의 지혜가 통하던 시절에 가능했던 시대적 산물이다. 그 당시 대부분의 노동자들은 지식수준이 낮았다. 또한 프로이트도 자신의 환자들에게 그들의 문제가 무엇이라고 생각하는지를 결코 묻지 않았다. 마르크스와 레닌도 민중에게 한 번이라도 물어본 적이 없다. 테일러는 작업자와 경영자 모두를 '바보들'이라고 생각했다. 메이요는 경영자들에 대해서는 매우 존중했던 반면, 작업자들은 '미성숙'하고, 환경에 적응하지 못하므로 심리학자의 전문적인 지도가 절실히 필요하다고 생각했다.

제2차 대전이 발발하자 작업자들에게 질문을 해야 했다. 선택의 여지가 없었다. 미국 공장에는 엔지니어도 심리학자도 작업반장도 없었다. 그들은 모두 군대에 있었다. 놀랍게도 작업자들이 바보들도 미성숙하지도 환경에 적응을 못하는 사람들도 아니라는 사실을 발견한 것이다. 작업자들은 자신들이 하고 있는 작업에 대해 상당히 많이 알고 있었다. 작업의 논리와 흐름, 작업의 질, 작업의 수단에 대해서 말이다. 작업자들에게 그들이 생각하는 바가 무엇인지를 물어보는 것은 작업의 생산성과 작업의 질 모두를 향상시킬 수 있는 방법이었다.

처음에는 겨우 몇몇 기업들만이 이런 참신한 주장을 수용했다. IBM은 오랫동안 이런 아이디어에 따라서 행동한 몇 안 되는 기업들 가운데 하나였다. 그런데 1950년대 말과 1960년대 초 이 아이디어를 일본의 산업자본가들도 받아들였다. 지금은 작업자들의 지식이 생산성과 품질 그리고 성과를 향상시키는 출발점이라는 것이 적어도 이론적으로는 일반적으로 인정되고 있다.

물건을 생산하고 운반하는 작업에서 작업자들과 동반자 관계를 맺는 것은 생산성을 향상시키는 데 있어 많은 방법들 가운데 하나의 방법일 뿐이다. 테일러의 지시식 방법도 효과를 냈다. 꽤 효과가 있었다. 그러나 지식작업과 서비스작업에서 책임 있는 작업자들과 동반자 관계를 맺는 것은 '유일한 방법(the only way)'이다.

‘더 현명하게 일하기’를 위한 마지막 요소는 테일러도 메이요도 알지 못했던 분야다. 첫째, 지속적 학습(continuous learning)이 생산성 향상을 뒷받침하지 않으면 안 된다. 직무를 재설계(redesigning)하고 작업자에게 새로운 방법을 지시한 것은 테일러가 실천했고 가르쳤던 내용이지만, 그 자체로 지속적 학습을 유지할 수는 없다. 훈련이란 단지 학습의 시작에 지나지 않는다. 훈련으로부터 오는 가장 큰 혜택은 무슨 새로운 것을 배우는 데서가 아니라, 우리가 이미 잘하고 있는 것을 더욱 더 잘하게 하는 것으로부터 나온다.

지식근로자와 서비스근로자는 그들이 직접 가르칠 때 가장 많이 배운다. 최우수 판매원의 생산성을 개선시키는 최선의 방법은 판매회의 때 그가 ‘나의 성공 비결’을 발표하도록 주문하는 것이다. 외과의사가 수술 능력을 개선하도록 하는 최선의 방법은 지방 의사협회에서 자신의 수술비법에 대해 발표하도록 기회를 주는 것이다. 우리는 정보시대의 모든 기업은 학습기관(learning institution)이 되어야 한다는 말을 흔히 듣는다. 나아가 모든 기업은 또한 교육기관(teaching institute)이 되어야 한다.

지식근로자의 생산성을 향상하는 데 필요한 그 다음의 요구사항은 지식근로자 자신이 스스로 기여해야 할 것에 대한 책임이다. 품질과 수량이라는 관점 그리고 시간과 비용이라는 관점에서 지식근로자가 책임져야 할 것이 무엇인지 결정하는 일이다. 지식근로자는 자율성을 가져야 하는데, 그것은 책임이 따른다는 것을 의미한다. 왜냐하면 지식근로자에게 무엇을 하라고 지시와 명령을 할 사람이 없기 때문이다. 그런 점에서 끊임없는 혁신, 지속적인 배움, 지속적인 가르침

그리고 지식근로자의 자율성은 지식근로자 직무의 한 부분으로 포함시켜야 한다.

의사가 가장 많이 배우는 때는 의과대학 강의실이 아니라, 자기가 병원에 일주일 정도 입원했을 때라고 한다. 그때 의사는 환자에게 좀 더 친절해야겠다는 것을 배운다. 마찬가지로 음악가도 청중석에 앉아 있을 때 많은 것을 배운다. 2년 전 필자는 서울 예술의 전당에서 리카르도 무티의 연주를 들었는데, 세계적 바이올리니스트 정경화 씨가 우리 앞자리 청중석에 앉아 있는 모습을 보았다.

chapter 08

지식근로자의 의사결정방식

▌ 목적을 달성하는 사람들의 습관

남달리 목적을 잘 달성하는 최고경영자들은 많은 의사결정을 내리지는 않는다. 그들은 중요한 것에만 집중한다. 그들은 개념적으로 파악하지 않으면 안 되는 최고 수준의 몇몇 중요한 의사결정만 하려고 노력한다. 수학식으로 표현하면, 그들은 어떤 상황에서의 불변 함수, 즉 상수(constant)를 찾으려 노력하고, 문제를 해결하려 하기보다는 무엇이 '전략적(strategic)'이고 '일반적(generic)'인 것인지 구분해내려고 노력한다.

그러므로 그들은 의사결정의 속도에 크게 구애받지 않는다. 그 대신 다소 일상 궤도를 벗어난 많은 '변수들(variables)'을 조작할 수 있는 묘안을 짜내려 한다. 그들은 의사결정이 도대체 무엇에 대한 것인지, 그 의사결정이 만족시키지 않으면 안 되는 근원적인 현실이 무엇인지 알려고 한다. 그들은 기교를 발휘하기보다는 영향력을 행사하려 한다. 그리고 그들은 꾀가 많은 사람이 되기보다는 건전한 사람이 되기를 원한다.

목적을 달성하는 경영자들은 의사결정을 할 경우, 원칙을 적용해야 할 때인지 또는 상황에 따라서는 실용적으로 결정해야 될 때인지를 알고 있다. 가장 어려운 의사결정은 옳고 그른 것 사이에 타협하는 것이라는 점도 알고 있으며, 어느 것이 옳고 그른지 구분하는 방법을 알고 있다. 의사결정 과정에 시간이 가장 많이 소모되는 단계는 의사결정을 하는 것 자체가 아니라, 결정된 방안이 실천으로 옮겨져 효과를 내도록 하는 것임을 그들은 알고 있다.

의사결정이 작업(work)으로 실천되지 않으면 그것은 의사결정이 아니다. 그것은 기껏 좋은 의도(intention)에 지나지 않는다. 목적을 달성하는 경영자는 무엇보다도 의사결정은 그것 자체가 체계적 절차(systematic process)를 따라야하고, 분명하게 규정된 요소들(elements)을 포함하고 있음을 알아야 한다. 요컨대 목적을 달성하는 경영자는 "산을 옮기는 것은 기도가 아니라 땀과 삽"이라는 사실을 안다.

모든 의사결정은 위험을 부담하고 내리는 판단이다. 그러나 의사결정 과정에 고려해야 할 각종 요소들을 단계적 디딤돌로 사용하지 않으면, 경영자는 올바른 결정과 분명한 목적을 달성하는 의사결정에 도달하지 못할 것이다. 올바른 의사결정을 위한 단계적 접근 방법은 다음과 같다.

첫째, 문제를 분류한다. 그것은 일반적(generic)인 문제인가? 예외적(exceptional)이고 고유한(unique) 문제인가?

둘째, 문제의 정의를 내린다. 우리가 취급하고 있는 것은 무엇인가?

셋째, 문제에 대한 해답을 규정하는 명세서(specification)를 작성한다. 경계조건(boundary conditions), 즉 어느 공간에서 일어나는 현상을 논할 때 그 공간의 불연속적 경계면, 예컨대 물과 공기에 주어져 있는 조건은 무엇인가?

넷째, 경계조건을 충족시키기 위해서 무엇이 수락 가능한지가 아니라 무엇이 옳은지를 결정한다. 의사결정을 수락하는 데 필요한 타협과 적응 그리고 양보를 모색하기 전에 무엇이 명세서를 완전히 충족시킬 것인가?

다섯째, 필요한 행동을 의사결정 과정에 포함시킨다. 행동강령(action commitment)에 꼭 필요한 것은 무엇인가? 누가 그것을 알고 있어야 하는가?

여섯째, 사건의 실질적 진행과정과 비교해 의사결정의 타당성 및 효과를 검토한다. 결정된 사항이 어떻게 추진되고 있는가? 의사결정의 기초가 된 가정이 적절한가, 아니면 쓸데없이 되었는가?

▌ 문제의 올바른 분류와 정의 방법

목적을 달성하는 의사결정자는 다음과 같이 질문한다.

"이것은 일반적이고도 근본적인 변화의 징후인가, 예외적으로 나타난 현상인가?"

일반적인 문제는 언제나 하나의 규칙, 즉 원칙에 따라 해답이 모색

되어야 한다. 그러나 진정 예외적인 사건은 그 발생 원인별로 그때그때 처리될 수 있다. 좀 더 구체적으로 말하면 경영자는 2가지가 아니라 4가지 부류의 상이한 상황을 구분할 수 있어야 한다.

첫째, 개별 회사의 경우라도 진정한 일반적 사건(truly generic event)이 있다. 경영자들의 업무수행 과정에 등장하는 대부분의 문제들은 이 부류다. 예를 들어 어떤 기업의 재고 수준 결정은 의사결정이 아니다. 그것은 원칙의 적용 문제다. 이런 문제가 일반 문제다. 이런 것은 생산조직에서 빈번하게 등장하는 문제다. 어떤 부서의 문제를 몇 개월 동안 전부 모아서 분석해보면 일반적인 문제점이 나타난다.

둘째, 개별 회사로 보면 각각 고유한 사건(unique event)이기도 하지만, 실질적인 일반적 사건(actually generic event)이 있다. 예를 들면 자신보다 훨씬 규모가 큰 다른 회사로부터 합병 제의를 받은 회사가 그 제의를 받아들이면, 다시는 그런 제의를 받지 않을 것이다. 개별 회사로 보면, 다시 말해 이사회 그리고 경영자의 입장에서 보면, 그것은 자주 되풀이되지 않는 상황이다. 그러나 M&A 같은 것은 기업계에서는 언제나 되풀이되는 일반적인 상황이다.

셋째, 경영자가 구분하지 않으면 안 되는, 사회적으로도 개별 회사로도 진정한 예외적 사건(truly exceptional event)이 있다.

1965년 11월 세인트로렌스(St. Lawrence)에서 워싱턴에 이르기까지 미국의 동북지역 전체를 암흑으로 몰아넣는 거대한 발전소 사고가 있었다. 최초의 사고 설명에 따르면 진정한 예외적 상황이었다. 1960년대 많은 기형아를 출산케 한 탈리드마이드(thalidomide) 사건도 마찬가지였다. 이와 같은 2가지 사건이 발생할 확률은 1,000만분의 1

※ 문제의 분류

일반회사 (사회전반)	일반적 문제	M&A (actually generic)	품질 사고, 재고 과부족 (truly generic)
	예외적 문제	탈리드마이드 (truly exceptional)	의약품 부작용 (actually unique)
		예외적 문제	일반적 문제 (업계 고유의 문제)
		개별회사 (ex, 제약회사)	

또는 1억분의 1이다.

넷째, 개별 회사로서는 빈번한 일이지만 사회적으로는 예외적인 사건(truly unique event)이 있다. 그런 사건이 발생하면 의사결정자는 다음과 같은 질문을 해야 한다.

"이것은 진정 예외적인 것인가, 새로운 천재가 발표한 최초의 사건인가?"

이것은 의사결정 과정에 취급하지 않으면 안 되는 네 번째이자 마지막 부류다.

진실로 예외적 사건을 제외한 모든 문제는 일반적인 문제 해결(generic solution)을 요구한다. 그것들은 모두 어떤 규칙이나 정책 또는 원칙을 필요로 한다. 올바른 원칙이 한 번 수립되고 나면 같은 종류의 일반적인 상황이 벌어지는 경우 실용적으로 해결될 수 있는데, 그것이 바로 구체적인 사건에다 원칙을 적용하는 과정이다.

그러나 진실로 예외적 사건은 (원칙의 적용이 아니라) 개별적으로 취급하지 않으면 안 된다. 경영자는 예외적인 문제에 대해서는 규칙을 개발할 수가 없다. 목적을 달성하는 의사결정자는 위의 4가지 다른 상황 가운데 어떤 것이 발생했는지 판단하는 데 시간을 소비한다. 만약 상황의 분류가 잘못되면 의사결정도 잘못 내려지고 말 것이다.

의사결정자가 범하는 가장 흔한 실수는 일반적인 상황을 마치 고유한 사건들의 연속으로 취급하는 것이다. 그 결과 피할 수 없게 되는 것은 좌절과 헛수고다. 이는 케네디 행정부 시절 국내외적으로 수행한 대부분의 정책이 실패한 사실에서 볼 수 있다.

그 화려한 면면의 각료들에도 불구하고 케네디 행정부가 근본적으로 성공한 정책은 단 하나뿐이었다. 그리고 그것도 쿠바의 미사일 위기 때였다. 다른 모든 점에서는 실질적으로 잘한 것이 아무것도 없었다. 분명 그렇게 된 가장 주요한 이유는 각료들이 명명한 '실용주의(pragmatism)' 때문이었다. 즉, 행정부가 규칙과 원칙을 개발하는 것을 거부한 데 있었고 그리고 모든 것을 '득실을 따져(on its merits)' 처리한다는 고집 때문이었다. 그러나 오래지 않아, 행정부의 각료들을 포함해 모든 사람들은 1960년대 케네디 행정부 정책의 기초가 된 (제2차 대전 직후에는 타당했던) 가정들이 국내 문제 뿐만 아니라 외교 문제의 해결에 점점 더 비현실적으로 되고 있음을 알게 되었다.

케네디 대통령이 쿠바 미사일 위기를 해결할 수 있었던 것은 그것을 특별하고도 예외적인 사건으로 취급하고 도전을 수락했기 때문이다. 그 도전을 수락하자마자 케네디의 엄청난 정보력과 용기는 효과적으로 힘을 발휘하기 시작했다.

이처럼 문제를 일반적인 것 또는 고유한 것으로 분류하고 나면 문제를 정의하는 것은 대체로 쉽다.

"도대체 이것은 무엇에 관한 것인가?"

"여기에 적절한 것은 무엇인가?"

"이 상황을 해결할 열쇠는 무엇인가?"

이와 같은 질문들을 자주하게 된다. 그러나 이 단계의 위험은 정의를 잘못내리는 데 있지 않다. 위험한 것은 그럴듯하게 들리지만 불완전한 정의다. 예를 들면 미국의 자동차 산업은 자동차의 안전 문제에 관해 그럴듯하지만 불완전한 정의를 내렸다. 간단히 말해서 자동차 산업이 안전에 크게 주의를 기울이지 않았다는 것은 진실이 아니다.

자동차 산업은 고속도로 주행 시 안전과 운전자의 훈련, 이 2가지를 주요 관심 영역으로 생각하고 연구해왔다. 자동차 사고는 불완전한 도로와 부주의한 운전사에 의해 주로 일어난다는 분석은 충분히 그럴듯하다. 고속도로 경찰에서부터 고등학교에 이르기까지 교통안전과 관련한 다른 모든 기관들도 안전 캠페인을 벌일 때마다 똑같이 그 2가지를 표적으로 삼았다. 사실 그 캠페인은 결과를 산출했다. 안전장치가 잘된 고속도로의 사고 건수는 엄청나게 감소했다. 마찬가지로 안전교육을 받은 운전사들이 사고를 내는 비율도 줄어들었다.

그러나 비록 자동차 1,000대 당 또는 주행거리 1,000킬로미터 당 사고 건수가 하락했음에도 불구하고, 총사고 건수와 중상자 비율은 꾸준히 올라갔다. 그러므로 안전법규와 훈련에도 불구하고, 건수는 적지만 심각한 사고가 발생할 확률이 높은 데 대해 무슨 조치를 해야 한다는 것이 오래전에 분명히 드러났다. 이는 미래의 안전 캠페인은 사고 자체가 덜 치명적이 되도록 하는 기술을 보강하는 방향으로 추진되어야 한다는 것을 의미한다. 만약 정확하게 운전하면 안전이 보장되도록 자동차가 만들어질 수 있다면, 운전자가 운전을 잘못하는 경우에도 안전이 보장되는 자동차를 만들 수 있을 것이다. 그것이 바로 안전벨트를 도입하게 된 이유였다.

안전벨트 문제는, 안전기술에 대한 투자 기피와는 비교도 안 될 정도의 인식부족으로서, 1966년 결국 자동차의 안전성 문제로 자동차 산업을 엄격한 의회 청문회에 갑자기 세웠고 의회의 공격은 자동차 산업을 완전히 비틀어놓았다.

불완전한 정의의 포로가 되지 않게 하는 단 하나의 안전장치가 있다. 관찰할 수 있는 모든 사실을 계속해서 점검하는 것이다. 그리고 그 사실 가운데 어느 것 하나라도 포함하지 않는 정의를 발견하게 되면 그 즉시 그것을 제외해버리는 것이다.

목적을 달성하는 의사결정자는 비정형적이거나 이상한 것이 나타나지는 않는지 늘 살핀다. 그리고는 항상 다음과 같이 질문한다.

"문제에 대한 정의는 관찰된 사건들을 모두 설명하는가, 그리고 그것이 모든 사건들을 설명해주는가?"

목적을 달성하는 의사결정자는 항상 문제에 대한 정의가 무엇이 발생하기를 기대(예를 들면 자동차 사고가 사라지도록 기대)하는지 기술하고, 그것이 실제로 일어나는지 관찰하기 위해 규칙적으로 테스트한다. 마지막으로 목적을 달성하는 경영자들은 어떤 비정형적인 것을 볼 때마다, 설명할 수 없는 현상을 발견할 때마다, 사건의 진행방향이 심지어 사소한 부분에서마저 기대와 어긋날 때는 문제로 되돌아가서 다시 검토한다.

의사결정 과정에 그 다음으로 중요한 요소는 의사결정이 성취하고

자 하는 것에 대해 분명한 명세서를 만드는 것이다.

"의사결정이 도달하고자 하는 목표는 무엇인가?"

"그것이 얻고자 하는 최소한의 목표는 무엇인가?"

"그것이 만족시키려 하는 조건은 무엇인가?"

과학에서 이런 것들은 경계조건이라고 한다. 어떤 의사결정이 효과를 보려면 경계조건을 만족시킬 필요가 있다. 알프레드 슬로언은 1922년 GM의 경영권을 인수했을 때 아마도 스스로에게 이렇게 질문했을 것이다.

"사업부 책임자의 자율권을 회수함으로써 우리들의 요구가 충족될 수 있는가?"

그의 대답은 분명히 부정적이었다. 그가 처한 문제의 경계조건은 최고경영자 직위에 걸맞은 강력한 권력과 책임을 필요로 했다. 또한 중앙에 명령권과 통제권(unity and control)도 필요로 했다. 슬로언 이전의 모든 최고경영자들은 그 문제를 경영자들의 성격 문제로 치부해왔다. 그러나 슬로언은 구조적 문제에 대한 해결은 새로운 조직구조, 즉 회사의 방침과 정책은 중앙통제(central control)하고, 업무활동은 사업부문별로 자율성(local autonomy)을 갖는 균형 잡힌 분권화(decentralization) 조직구조를 통해 해결해야 한다고 인식했다.

경계조건을 충족시키지 못하는 의사결정은 문제를 잘못 정의한 의사결정보다 더 나쁘다. 옳은 가정으로 출발했으나 옳은 결론에 도달하기 전에 멈춰버린 의사결정을 되살리는 것은 불가능하다. 더욱이 경계조건에 대한 분명한 생각은 의사결정을 언제 폐기할지를 판단하는 데도 필요하다. 의사결정에서 실패하는 가장 일반적인 원인은 첫 출발을 잘못하는 것에 있지 않다. 오히려 그것은 그 후에 이어지는 목적(명세서)의 변화인데, 그렇게 되면 그 전에 있었던 올바른 의사결정을 갑자기 부적당한 것으로 만들어버린다. 그리고 결함이 있는 의사결정을 새롭고도 적당한 정책으로 즉각 대체할 수 있도록 의사결정자가 경계조건을 명확하게 유지하지 않으면, 그는 현실이 변했다는 것조차 알아채지 못할지도 모른다.

경계조건에 대한 분명한 판단은 무엇보다도 모든 가능한 의사결정 가운데 가장 위험한 것이 무엇인지 확인하는 데 필요하다. 다른 말로 표현하면 그것은 하나라도 잘못되는 것이 없을 때 작동할 수 있는 의사결정이다.

고전적인 사례가 케네디 대통령의 피그만 침공 의사결정이다. 첫 번째 명세서는 분명히 카스트로의 축출이었다. 두 번째 명세서는 침공이 쿠바인들의 '자발적인' 봉기로 보이도록 하는 것이었다. 그러나 이 2개의 명세서는 반 카스트로 봉기가 쿠바섬 전역에서 즉각 발생해 쿠바 군인들을 완전히 궤멸시킬 때만 서로 양립 가능할 수 있었던 것이다. 이는 불가능했는데, 쿠바와 같이 엄격히 통제된 경찰국가에서는 있을 수 없는 일이었기 때문이다.

누구나 의사결정을 잘못 내릴 수 있다. 사실상 모든 사람이 가끔 실수를 한다. 그러나 경영자는, 표면적으로는 그럴듯하지만 현실을 따져보면 경계조건을 만족시키지 못하는 의사결정을 해서는 안 된다.

▌올바른 타협과 그릇된 타협

궁극적으로는 언제나 타협이 필요하기 때문에, 목적을 달성하는 경영자는 처음에는 수락 가능한 것보다는 '올바른' 결정을 하려는 의도로 출발해야 한다. 그러나 무엇이 경계조건을 충족시키는지 알 수 없을 경우 의사결정자는 올바른 타협과 잘못된 타협을 구분할 수가 없다. 따라서 잘못된 타협을 하게 될 수도 있다.

드러커는 그 점을 1944년 처음으로 대규모 컨설팅 업무를 시작할 때 배웠다고 한다. 그것은 GM의 경영구조와 경영정책에 관한 연구 업무였다. 그 당시 GM의 회장 겸 최고경영자였던 알프레드 슬로언은 드러커를 자기 사무실로 부르더니 다음과 같이 말했다.

"나는 당신에게 무엇을 연구하라거나 보고하라거나 어떤 결론을 내라고 하지는 않겠습니다. 다만 꼭 한 가지 당부하고 싶은 것은 당신이 본 대로, 당신이 옳다고 생각한 것을 보고하라는 것입니다. 우리 회사의 반응이 어떨지는 염려 마세요. 당신이 이것저것 좋아하거나 싫어하는 것이 있다 해도 개의치 마십시오. 또한 당신이 내린 결론이 수락 가능한 것이 되도록 하기 위해 스스로와 타협할 생각은 꿈도 꾸지 마시고요. 이 회사에는 당신의 도움 없이는 그럴듯한 타협을 할 줄 모르는 중역은 한 사람도 없으니 말입니다. 어떤 중역이 당신 없이는 올바른 타협을 할 줄 모른다면, 그에게 먼저 무엇이 올바른 것인지 말해주십시오."

목적을 달성하는 경영자는 세상에는 2가지 다른 종류의 타협이 있음을 안다. 하나는 "빵 반쪽이라도 없는 것보다는 낫다"라는 속담이 뜻하는 바와 같다. 다른 하나는 솔로몬의 재판(the judgement of

Solomon)에서 나오는 이야기처럼, "반쪽 아이는 아예 없는 것 보다 더 나쁘다"는 것을 분명히 인식하는 것으로 출발한다. 전자의 경우 경계조건은 여전히 충족된다. 빵의 목적은 음식을 제공하는 것인데, 반쪽 빵이라도 음식이긴 하니까 말이다. 그러나 반쪽 아이는 반쪽 인생이 아니고 앞으로 어른으로 자랄 아이도 아니다.

의사결정자가 처음부터 "무엇이 수락 가능한가?"라는 질문을 하는 것은 아무런 소용이 없다. 그 질문에 대한 답변을 찾는 과정에서 정작 중요한 것이 내팽개쳐질지 모르며, 올바른 것은 차치하고, 목적을 달성하는 답을 찾아 낼 기회도 상실하고 만다.

▌의사결정의 실천과 피드백

의사결정을 행동으로 전환하는 것은 의사결정 과정에서 다섯 번째로 중요한 요소다. 의사결정 과정에 경계조건을 생각하는 것이 가장 어려운 작업이라면, 결정된 것을 목적을 달성하는 행동으로 전환하는 것은 대체로 가장 시간을 많이 소비하는 과정이다. 의사결정 과정의 초기부터 행동계획을 짜 넣지 않으면 의사결정은 효과적일 수가 없다. 의사결정된 것을 구체적으로 실행하기 위해 어떤 사람에게 과업을 할당하고 책임을 맡기지 않으면, 실질적으로 어떤 것도 결정된 게 아니다. 그때까지 그것은 단지 하나의 좋은 의도에 지나지 않는다.

수많은 정책선언문(policy statement)이 안고 있는 약점, 특히 기업의 정책 명세서의 약점은 그것이 행동강령을 포함하고 있지 않다는 사실에 있다. 그것을 실천하는 과업은 구체적으로 누구의 책임이고 그리고 책임의 범위는 어디까지인가에 관한 것이 없다는 말이다.

의사결정을 행동으로 전환하기 위해서는 몇 가지 분명한 질문에 대해 답을 해야 한다.

"이 결정을 알아야 하는 사람이 누구인가?"

"어떤 행동을 해야 하는가?"

"누가 그것을 해야 하는가?"

"그 행동을 해야 할 사람이 그것을 할 수 있도록 하기 위해서는 어떻게 되어야 하는가?"

그런데 보통 처음과 마지막 질문은 너무나 자주 무시된다. 그 결과는 참담한 실패로 끝나고 만다. 행동은 또한 그것을 수행할 사람의 능력에 적합해야 한다.

만약 어떤 의사결정이 효과를 내기 위해서 사람들이 그들의 행동과 습관 그리고 태도를 바꾸어야 하는 경우, 그 행동계획은 중요성이 배나 증가한다. 여기서 경영자가 확실히 해야 할 점은 행동에 대한 책임을 분명하게 해야 할 뿐만 아니라, 책임을 맡은 사람은 그것을 수행할 능력이 있는지 확인해야 한다. 그러므로 성과측정과 성과표준 그리고 행동에 책임이 있는 자에 대한 동기부여는 한꺼번에 이뤄져야 한다는 것을 명심해야 한다. 그렇지 않으면 조직의 구성원들은 내면적·정서적 갈등에 빠져 갈피를 잡지 못하게 된다.

지금부터 100여 년 전 시어도어 베일(Theodore Vail, 1845~1919)은 벨전화회사(Bell Telephone System)의 사장이었는데, 그는 자신이 하는 사업을 서비스라고 결정했다. 그의 판단은 어떻게 해서 오늘날 미국과 캐나다가 전화 시스템을 국가가 운영하지 않고 개인 투자가들이 소유하고 있는지를 대략 설명해준다. 그렇지만 그 정책선언문은 사문화된 문서가 될 뻔한 적이 있다. 만약 베일이 때맞춰 서비스 활동의 기준을 설정해두지 않고, 그것을 측정의 수단으로 도입하지 않고, 궁극적으로 경영자의 성과에 대한 보상 기준으로 삼지 않았다면 말이다. 그 당시 벨전화회사의 경영자들은 담당부서의 수익성(또는 원가)을 기준으로 평가받았다. 새로운 평가기준은 새로운 목표로 재빨리 받아들여졌다.

목적을 잘 달성하는 경영자만이 베일이 한 것과 같은 행동을 할 수 있다. 의사결정의 실행을 의사결정 그 자체에 집어넣는 일 말이다. 그러나 모든 경영자는 구체적인 의사결정이 요구하는 행동강령이 무엇인지, 그 뒤 어떤 작업할당(work assignment)을 해야 하는지, 그것을 수행하기 위해 어떤 사람을 동원할 수 있는지 등을 곰곰이 생각해볼 수 있다.

정보 모니터링(information monitoring)처럼 보고활동을 의사결정 과정에 포함시키고, 의사결정이 달성하고자 하는 기대수준과 실제 활동결과를 지속적으로 비교해야 한다. 의사결정은 사람이 하는 일이다. 사람은 오류를 범하게 마련이고, 기껏해야 그들의 과업은 오래 지속되지 않는다. 심지어 최상의 의사결정마저도 잘못될 확률이 높다. 뿐만 아니라 최고로 효과적인 의사결정이라도 결국 진부화되고 만다.

목적을 달성하는 의사결정자는 오래전 군대가 개발한 규칙을 참고할 수 있다. 의사결정을 내리는 장군은 명령이 어떻게 수행되는지 알기 위해서 보고서에 의존하지 않는다. 장군 자신이 또는 부관이 현장으로 가서 확인한다. 그 이유는 목적을 달성하는 의사결정자들은 자신의 부하를 신뢰하지 않기 때문은 아니다. 경험에 의해, '요약된 의사소통"(abstract communication)을 불신하지 않을 수 없는 이유를 배웠기 때문이다.

아이젠하워 장군이 대통령에 당선되었을 때 전임자 트루먼은 다음과 같이 말했다.

"불쌍한 아이크. 장군일 때는 자신이 내린 명령을 부하들이 무조건 따랐겠지. 그런데 이제 저 커다란 대통령 집무실에 앉아서 명령을 내리겠지만 되는 게 아무것도 없을 거야."

그러나 대통령이 명령을 해도 되는 게 아무것도 없는 이유는 장군이 대통령보다 많은 권한을 갖고 있기 때문이 아니다. 군대가 이미 오래전부터 명령 중 상당히 많은 부분이 거의 실행되지 않는다는 사실을 알고, 명령의 실행을 확인할 '피드백' 과정을 조직화해왔기 때문이다. 군대는 옛날부터 상관 자신이 직접 가서 눈으로 확인하는 것이 단 하나의 신뢰할 수 있는 피드백이란 것을 배웠다. 대통령이 공식적으로 입수할 수 있는 유일한 정보는 별로 도움이 되지 않는다.

반면 모든 군대에서는 명령을 내린 장교가 직접 현장으로 가서 그것이 실행되고 있는지를 직접 눈으로 보고 확인하거나, 적어도 부관을 보내서 알아보기라도 한다. 예컨대 고깃국을 끓여주라고 지시하고서는 나중에 취사장에 가서 확인한다.

컴퓨터와 인터넷이 발전하면서 피드백 요소는 한층 더 중요해질 것이다. 의사결정자가 행동의 현장에서 점점 더 멀리 떨어져 있게 될 것 같으니까 말이다. 의사결정자들이 행동의 현장에 가서 관찰하는 편이 더 낫다는 사실을 받아들이지 않으면, 그들은 점점 더 현실과

멀어질 것이다.

의사결정의 기초가 된 가정들이 타당한지 진부한지 전반적인 검토가 필요한지를 판단할 때는 현장에 가서 확인하는 것이 최상의 방법이다. 더욱이 경영자는 가정들이 조만간 진부화 된다고 예상하고 있어야 한다. 현실이란 오랫동안 그대로 지속되지 않는 법이다.

현장으로 가서 관찰하는 것을 게을리 하게 되면, 의사결정이 타당성을 잃거나 또는 합리성을 결여했는데도 불구하고 오랫동안 그것을 고집하게 되는 전형적인 이유로 둔갑한다.

의사결정자는 피드백을 하기 위한 조직적인 정보(organized information)를 필요로 한다. 그들은 보고서와 숫자를 봐야 한다. 그러나 의사결정자들이 현실을 직접 파악할 수 있는 피드백 방법을 수립하지 않으면, 그들 스스로 나가서 관찰하는 원칙을 수립하지 않으면, 그들은 곧 자신들 스스로가 무익한 독단주의자로 전락했음을 한탄하게 된다.

chapter 09

지식근로자의 커뮤니케이션

▌커뮤니케이션의 4가지 원칙

오늘날 경영관리를 위한 커뮤니케이션은 모든 조직의 학자와 실무자의 중심적 관심사가 되고 있다. 기업, 군대, 정부기관, 병원, 대학, 연구기관 등에서 말이다. 심리학자, 인간관계 전문가, 경영관리자들은 다른 어떤 분야의 사람들보다도 커뮤니케이션에 대해 더 열심히 더 큰 공헌을 하는 지성인들이다. 그러나 커뮤니케이션이 점점 더 잘 되지 않고 있는 것도 분명한 사실이다.

옛날부터 전해오는 여러 종교의 신비주의자들, 불교의 선승(禪僧)이나 이슬람교의 수피(Sufi), 유대교의 랍비(Rabbi) 등이 사람을 골탕 먹이기 위해 하는 수수께끼가 있다.

"아무도 듣는 사람이 없는 숲 속에서 나무가 쓰러질 때 소리가 나는가?"

지금 우리는 이 문제의 정답이 "아니다"라는 사실을 알고 있다. 물론 음파는 발생한다. 누군가 그 음파를 지각하지 않는다면 단연코 소리는 없는 것이나 마찬가지다. 소리는 지각이 되어야 소리가 된다. 소리가 커뮤니케이션이다.

진부한 이야기로 들릴지도 모른다. 요컨대 고대의 신비주의자들도 이것을 알고 있었다. 왜냐하면 그들 또한 "누군가가 듣지 않는다면 소리는 없는 것"이라고 늘 대답했기 때문이다. 하지만 이 진부한 이야기가 내포하는 의미는 정말 심각하다. 그것은 커뮤니케이션 행위를 하는 사람은 바로 그것을 받아들이는 사람이라는 것을 의미한다. 소위 커뮤니케이터(communicator), 즉 커뮤니케이션을 전달하는 사람이 커뮤니케이션 행위를 하는 게 아니다. 그가 외친다고 하자. 누군가 그것을 듣는 사람이 없다면 커뮤니케이션은 없는 것이다. 단지 소리만 있을 뿐이다. 이것이 커뮤니케이션의 제1원리다.

우리는 주로 시행착오를 거쳐 커뮤니케이션에 관한 다음의 4가지 기본원칙을 배웠다.

첫째, 커뮤니케이션은 지각(perception)이다.

둘째, 커뮤니케이션은 기대(expectation)이다.

셋째, 커뮤니케이션은 요구(demand)를 하게 된다.

넷째, 커뮤니케이션과 정보는 서로 상이한 것이며 대체로 사실상 대립관계에 있다. 그러나 그들은 상호의존적이다.

우선 첫 번째 원칙을 살펴보자. 수사학에 관한 현존하는 가장 오래된 문헌들 가운데 하나인 플라톤의 《파이돈(Phaedon)》에 따르면, 소크라테스는 다음과 같이 지적했다고 한다.

"사람은 다른 사람과 말을 할 때 듣는 사람의 경험에 맞추어 말해야 한다."

예를 들면 목수에게 이야기할 때는 목수가 사용하는 말을 써야 한다는 것이었다. 듣는 사람의 언어로, 그가 사용하는 용어로 말할 때만 대화를 할 수 있다. 그리고 그 용어는 경험에 기초한 것이어야 한다. 따라서 다른 사람들에게 새로운 용어를 설명하려고 노력하는 것은 별로 소용이 없다. 사람들은 자신들의 경험에 근거한 용어가 아니면 이를 수용할 수 없을 것이다. 그들이 사용하지 않는 용어는 그들의 지각 능력이 감당하지 못한다. 의사를 전달할 때는 그 매체가 무엇이든 간에 가장 먼저 다음의 질문을 해야 한다.

"이 커뮤니케이션이 수신자의 지각능력 범위 내에 있는가? 그가 이것을 수용할 수 있는가?"

우리가 사물에 또 다른 차원이 존재한다는 것을 인식하기란 매우 어렵다. 그리고 우리에게 명백하고 또한 우리의 정서적 경험에 비추어 선명하게 인식된 것이 '표면'과 '이면'이라는 전적으로 다른 차원을 갖고 있어서, 결과적으로 전혀 상이한 지각을 하게 한다는 것을 깨닫기도 매우 어렵다(장님과 코끼리에 관한 이야기가 그 예다). 달리 말해 수신자, 즉 진정한 커뮤니케이터가 무엇을 인식할 수 있는지, 또 그 이유를 알기 전에는 효과적인 커뮤니케이션이 이루어질 가능성은 없다.

커뮤니케이션의 두 번째 원칙은 우리가 지각하기를 기대하는 것만 지각한다는 것이다. 대체로 우리는 보고자 하는 것을 보고, 듣고자 하는 것을 듣는다. 기대하지 않았던 것이 일어나면 적개심을 일으킬지 모르지만, 사실 그 점은 크게 중요하지 않다. 비록 기업과 정부의 커뮤니케이션에 관한 대부분의 문헌이 중요하게 간주하고 있지만 말이다.

정말로 중요한 점은 기대하지 않았던 것은 대체로 전혀 받아들여지지 않는다는 사실이다. 그런 것은 보이지 않고, 들리지 않으며, 오직 무시당하기만 한다. 혹은 잘못 이해되기도 하는데, 다시 말해 기대했던 것이 일어난 것처럼 잘못 보거나 듣게 된다.

우리의 마음은 스스로 접한 자극을 기대의 틀 안에 맞추려고 시도한다. 따라서 자신의 마음 바꾸려고 하는 어떤 시도에 대해 적극적으로 반발한다. 인식하기로 기대하지 않았던 것을 인식하는 것, 또는 그 반대로 인식하기로 기대했던 것을 인식하지 않게 되는 것을 매우 꺼린다. 물론 자신이 인식하는 것이 자신의 기대와는 상반되는 것이라는 사실을 인간의 마음에다 경고를 해주는 것은 가능하다. 어쨌거나 그것은 인간의 마음이 인식하기를 기대하는 것이 무엇인지를 우리가 먼저 이해해야 한다는 것을 의미한다. 그 다음에는 잊어서는 안되는 경고를 하나 해주어야 한다. "이것은 다른 것이다"라는 사실, 즉 연속성을 중단하는 충격적 사실을 알려주어야 한다.

그러므로 우리는 커뮤니케이션을 하기 전에 수신자가 무엇을 보고 무엇을 듣기를 기대하고 있는지 알아야 한다. 그래야 우리는 커뮤니케이션이 그의 기대 그리고 그 기대가 무엇인지를 이용할 수 있는지 여부를 알 수 있으며, 수신자의 기대를 깨뜨리는 '소외의 충격'을 준다든가 '각성'을 하도록 할 필요가 있는지, 또는 기대하지 않았던 것이 일어나고 있음을 알려줄 필요가 있는지 알 수 있다.

모든 신문편집자가 다 아는 사실로, 사람들은 지면의 '균형'을 맞추기 위해 곁들여진 별 중요하지도 않은 우발적 정보를 담고 있는 세 줄에서 네 줄짜리 기사를 대단히 많이 읽고 있고 오래 기억한다. 돌고래가 집단폭행을 했다든가, 복권당첨자가 그 사실을 알렸다가 많은 사람들이 도움을 달라고 모여들자 야반도주했다든가 하는 기사를 기억하는 것은 차치하더라도, 읽기를 바랐던 이유는 무엇일까?

어쨌든 이와 같이 별로 중요하지도 않은 토막 정보들이 읽히고 있으며, 이것들은 톱기사로 난 대형 참사 등을 제외하면 일간지의 다른 기사보다도 훨씬 더 잘 기억하고 있다는 것은 의심의 여지가 없다. 이유가 무엇일까? 이런 기사들은 독자에게 강요를 하지 않기 때문이다. 그들이 그것을 기억하는 것은 그것이 전적으로 중요한 기사가 아니기 때문이다.

세 번째 원칙은 커뮤니케이션이 언제나 무엇을 요구한다는 것이다. 언제나 수신자들이 어떤 사람이 되기를, 무엇을 하기를, 무엇을 믿기를 요구한다. 그리고 항상 동기부여에 호소한다. 만약 커뮤니케이션이 수신자의 야망이나 가치관 또는 목적에 부합되면, 그것은 강력한 힘을 발휘한다. 어긋나면, 그것은 전혀 받아들여지지 않거나, 아니면 잘해야 저항을 받게 될 것이다.

물론 커뮤니케이션이 가장 강력하게 일어나는 경우 '전향(轉向)'을 초래하기도 한다. 다시 말해 성격, 가치관, 신념, 야망 등의 변화를 야기할 수도 있다. 그러나 이런 경우는 실제로는 매우 드물다. 모든 인간의 기본적인 심리적 동인(動因)에는 그와 반대가 되는 성향이 강력하게 조직되어 있기 때문이다. 성서에 따르면, 심지어 하느님도 사울을 사도 바울로 바꾸기 위해 먼저 사울의 눈이 멀도록 내리쳐야 했다. 전향을 노리는 커뮤니케이션은 굴복을 요구한다. 그러므로 커뮤니케이션의 전달 내용이 수신자의 가치관과 부합되지 않으면 커뮤니케이션은 이루어질 수 없는 것이다.

네 번째 원칙은 커뮤니케이션과 정보는 다른 것이며 사실상 거의 대립관계에 있다는 것이다. 그러면서도 이들은 상호의존관계에 있다. 커뮤니케이션이 지각(知覺)인 반면, 정보는 논리(論理)이다. 따라서 정보는 완전히 공식적이고 그 자체는 아무런 의미가 없다. 이는 인간 사이의 관계가 아니다. 인간과는 무관하다. 정보는 인간적인 속성, 즉 정서와 가치관, 기대와 지각과 같은 것으로부터 해방되면 될수록 정보로서의 타당성과 신뢰성이 더욱 높아진다.

그러나 정보는 커뮤니케이션을 전제로 한다. 정보는 언제나 암호화되어 있다. 정보의 이용은 둘째 치고, 정보를 입수하기 위해서라도 수신자는 암호를 알고 해독할 수 있어야 한다. 이것은 사전 약속이 있어야 한다는, 다시 말해 커뮤니케이션이 있어야 한다는 의미다. 커뮤니케이션은 정보에 의존하는 것이 아닐지도 모른다. 가장 완벽한 커뮤니케이션은 어떤 논리도 필요 없는 순수한 '경험의 공유(shared experience)'일지도 모른다. 결국 커뮤니케이션에 있어 가장 중요한 것은 정보가 아니라 지각이다.

▌ 상의하달식 커뮤니케이션의 병폐

그렇다면 우리의 지식과 경험이 조직 내 커뮤니케이션에 대해 우리가 실패한 이유에 대해서, 미래의 성공을 위한 전제조건에 대해서 무엇을 가르쳐주고 있는가?

수세기 동안 우리는 '상의하달식(downward)' 커뮤니케이션을 시도해왔다. 그러나 이것은 우리가 아무리 강력하고 현명하게 시도한다 하더라도 효과를 발휘할 수 없다. 효과를 볼 수 없는 이유는 그것이 우리가 '말하고 싶어 하는 것'에 초점을 두고 있기 때문이다. 바꿔 말하면 말하는 사람이 커뮤니케이션을 성립시킨다고 가정하고 있는 것이다. 이는 물론 경영자가 그들의 말과 글을 명료하게 표현하려는 노력을 중단해야 한다는 뜻은 아니다. 하지만 어떤 것을 어떻게 말할 것인가 하는 문제는 오직 무엇을 말할 것인가를 배우고난 뒤에만 알 수 있다는 것을 뜻한다. 아무리 말을 잘한다 하더라도 '이야기를 해주는 것'만으로는 잘 알 수 없다. 정보의 전달방법도 중요하지만 그 정보가 담고 있는 내용(contents)이 더 중요하다.

그러나 '듣는 것'도 효과가 없기는 마찬가지다. 메이요를 비롯한 인간관계 학파는 이미 40년 전에 커뮤니케이션에 대한 전통적 접근 방식이 실패했다는 사실을 깨달았다. 그들이 내놓은 처방은 '경청'하도록 하는 것이었다. 경영자가 자신의 생각을 '전달'하려는 것으로 시작하는 대신, 부하들이 무엇을 알고 싶어 하며 무엇에 관심이 있는지, 달리 말해 수용하려는 게 무엇인지를 찾아내는 것부터 시작해야 한다는 것이다. 그러나 오늘날까지도 인간관계 학파의 처방은, 비록 실천되는 경우는 드물지만 고전적인 처방으로 남아 있다.

경청은 커뮤니케이션의 전제조건이다. 그러나 그것만으로 충분하지 않으며 효과를 발휘할 수 없다. 경청이 효과가 있다는 주장은 부하들이 하는 말을 상사가 이해할 것이라는 전제로 하고 있다. 즉, 부하들이 커뮤니케이션 행위를 할 수 있다고 가정한다. 하지만 이 가정은 받아들이기 어려운데, 어째서 상사가 할 수 없는 커뮤니케이션을 부하들은 할 수 있어야 하는가 말이다. 사실 부하가 할 수 있다고 가정할 이유는 없다. 바꿔 말해 듣는 자가 말하는 자보다 오해나 잘못된 커뮤니케이션을 할 확률이 훨씬 낮다고 믿을 이유는 없다.

경청이 나쁘다고 말하려는 것이 아니다. 상의하달식 커뮤니케이션이 별 도움이 되지 않는다는 주장은, 상사가 글을 잘 쓰려는 시도와 사물에 대해 간단명료하게 말하려는 시도, 자신이 아닌 부하의 용어를 사용하려는 시도가 별 도움이 안 된다는 식의 논쟁만 낳는다는 얘기다. 커뮤니케이션은 상향식이어야 한다는 인식 또는 발신자로부터가 아니라 수신자로부터 출발해야 한다는 것, 다시 말해 경청의 개념이 토대로 하고 있는 인식은 매우 건전하고 필수적이다. 다만 경청은 출발점에 지나지 않는다.

더 많고 더 좋은 정보는 커뮤니케이션 문제를 해결해주지 못하고 격차를 줄여주지도 못한다. 반대로 정보가 많으면 많을수록 커뮤니케이션의 기능과 효과적 커뮤니케이션에 대한 필요성이 더 커지게 된다. 정보가 많을수록 커뮤니케이션 격차가 더 벌어질 것이라는 뜻이다.

▍목표에 의한 커뮤니케이션

그러면 우리는 커뮤니케이션에 대해 어떤 건설적인 제안을 할 수 있을까? 커뮤니케이션에 대해 우리가 할 수 있는 게 대체 무엇일까?

목표관리는 기능적인 커뮤니케이션의 전제조건이다. 부하는 자신이 조직이나 조직 내부의 소단위 부서에 대해 어떤 중요한 공헌을 할 것으로 기대해도 좋은지, 그리고 어떤 책임을 질 것인지에 대해 깊이 생각하고 스스로 내린 결론을 상사에게 보고한다. 부하가 제출하는 결론이 상사의 기대와 일치하는 경우는 극히 드물다. 그 이유는 상사와 부하 사이의 지각상의 차이가 있기 때문이다. 그럼에도 불구하고 현실 지각에 초점을 맞추어야 하며, 양측 모두가 현실적인 것에다 지각의 초점을 맞추어야 한다.

동일한 현실을 서로 다르게 인식할 수 있다는 점을 인정하는 것 자체가 이미 커뮤니케이션이다. 목표관리는 커뮤니케이션의 의도적인 수신자(부하)로 하여금 이해의 폭을 넓혀주는 경험을 제공한다. 부하는 의사결정의 현실, 우선순위 문제, 자기가 하고 싶은 것과 상황이 요구하는 것 사이에서의 선택, 그리고 무엇보다 의사결정의 책임에 대해 경험할 기회를 갖게 해준다.

부하는 동일한 상황에 대해 상사가 보는 것과 같은 방법으로 보지 않을 수도 있다. 사실 동일하게 볼 경우는 거의 드물며 그래야 할 이유도 없다. 그래도 그는 상사가 처해 있는 복잡한 처지, 그리고 그 복잡함은 상사가 만들어낸 것이 아니라 상황 그 자체에 내재해 있을 뿐이라는 사실 등에 대해서 이해할 수 있게 될 것이다.

이런 것들은 오직 예를 든 것에 불과하며 차라리 그 자체로는 의미도 없다. 그러나 지금까지 설명한 것은 아마도 커뮤니케이션에 대한 우리의 경험(대부분 실패의 경험이었지만)과 학습이론, 기억, 지각, 동기부여와 관련된 모든 연구가 제시하는 중요한 결론을 설명하고 있다. 커뮤니케이션이 '경험의 공유' 를 필요로 한다는 것 말이다.

커뮤니케이션을 '나' 로부터 '너' 에게로 향하는 것으로 이해한다면 커뮤니케이션은 성립되지 않는다. 커뮤니케이션은 오직 '우리' 중의 한 사람으로부터 다른 사람에게 전달됨으로써 성립되는 것이다. 조직 내부의 커뮤니케이션은 조직의 '수단' 이 아니다. 그리고 이 사실은 커뮤니케이션에 대한 우리의 실패로부터 배운 진정한 교훈이며, 또한 커뮤니케이션의 필요성을 인식시키는 진정한 이유일지 모른다. 그것은 조직의 '존재양식' 이다.

▌올바른 인간관계를 위한 커뮤니케이션

조직에 속해 있는 지식근로자들은 그들이 인간관계에 '타고난 재능' 을 가졌기 때문에 좋은 인간관계를 유지하는 것은 아니다. 그들이 좋은 인간관계를 유지하는 것은 자신들의 일과 다른 사람들과의 관계에 대한 공헌에 초점을 맞추고 있기 때문이다. 그 결과 그들 사이의 관계는 '생산적' 으로 형성된다. 생산적인 것이야말로 바로 '좋은 인간관계' 에 대한 단 하나의 타당한 정의다. 어쨌든 만약에 어떤 작업과 관련하여 또는 특정 과업과 관련해 발생하는 인간관계에서 아무런 성과를 달성하지 못한다면, 따뜻한 감정이나 유쾌한 농담은 아무런 의미가 없게 되고 상호기만에 대한 가면극에 지나지 않는다. 반면 관련된 모든 사람들이 결과를 얻게 되고 성취감을 맛보게 되면 때때로 주고받는 거친 말투도 인간관계를 파괴하지는 않을 것이다.

공헌에 초점을 맞추는 활동 그 자체가 효과적 인간관계에 필요한 4가지 기본 조건을 충족시킬 수 있게 한다. 커뮤니케이션, 팀워크, 자기계발, 인재육성이 그것이다. 공헌에 초점을 맞추게 되면 커뮤니케이션이 횡적으로도 이루어지고 그에 따라 팀워크가 가능해진다. "내 산출물이 성과와 연결되기 위해서는 누가 그것을 이용해야 하는가?"라는 식의 질문을 하게 되면, 직위가 아래든 위든 상관없이 명령계통상에 있지 않는 사람들의 중요성을 즉각 부각시켜준다. 게다가 그것은 지식 기반 조직의 성공가능성을 굳건히 한다.

효과적인 작업은 다양한 지식과 기술을 가진 사람들로 구성된 팀 안에서 그리고 팀에 의해 실질적으로 달성된다. 팀을 구성하는 사람들은 공식적인 조직의 지배 구조에 의해서가 아니라, 자발적으로 함께 작업하고 상황 논리와 과업의 요구에 따라 일한다. 예를 들면 병원은 아마도 현대의 지식 조직 중 가장 복잡한 조직일 텐데, 간호사, 영양사, 물리치료사, 의료 및 X레이 기사, 약제사, 병리학사 그리고 이밖에 여러 가지 의료서비스 전문가들이 어떤 다른 사람으로부터는 의식적 명령이나 통제는 최소한으로 받으면서, 동일한 환자를 대상으로 그리고 환자와 함께 치료행위를 한다. 그렇게 하면서도 그들은 공통의 목적과 일반적 행동계획, 즉 의사의 처방에 따라 서로 협력하며 일해야 한다. 조직 구조상 이들 의료서비스 전문가들은 각자 자신의 상사에게만 보고한다.

그들은 자신의 고도로 전문화된 지식 분야의 관점에 따라 '전문가'로서 일한다. 그러나 그들은 개별 환자의 구체적 상황, 환자의 용태,

환자의 필요에 대해 알아야 할 위치에 있는 다른 모든 전문가들에게 정보를 제공하지 않으면 안 된다. 그렇지 않으면 그들 개개인의 노력이 환자를 위한 것이 아니라 병을 돋우기 십상이다.

공헌에 초점을 맞추는 습관이 된 병원에서는 그런 팀워크를 이루는 데 어려움이 거의 없다. 그렇지 못한 병원에서는 전문가들 사이의 횡적인 커뮤니케이션이라든지 자발적으로 비공식 조직을 만들고 과업에 초점을 맞춘 올바른 팀을 만드는 일은 발생하지 않는다. 온갖 종류의 위원회, 간부회의, 게시판 공고문, 설득 그리고 갖가지 노력에도 불구하고 커뮤니케이션과 협조가 실현되지 않는다.

chapter 10

지식근로자의 팀 구축법

▌ 야구팀과 축구팀 그리고 복식 테니스팀

결과는 그렇게 신통치 않지만, 최근 팀 구축(team building)이 하나의 유행어가 되고 있다. 포드자동차는 신형 모델을 디자인하기 위해 팀을 구축하기 시작한 지 수십 년도 더 된다. 그런데 포드의 보고서에 따르면 지금 심각한 문제에 봉착하고 있다. 포드와 일본 자동차 회사들 사이의 개발기간 격차는 거의 좁혀지지 않았다. GM의 새턴사업부는 미래의 공장에다 전통적인 조립라인 대신 팀워크를 구축했다. 그러나 그 공장은 꾸준히 디트로이트식 조립라인으로 회귀하고 있다. 프록터앤갬블(Procter & Gamble, P&G)은 수년 전 떠들썩하게 팀 구축을 시작했다. 지금 P&G는 신제품을 개발하거나 판매하는 데 있어 개인적 책임제로 되돌아가고 있다.

이렇게 팀 조직이 거의 실패하게 된 이유 중 하나는 (아마도 가장 큰 이유일 것인데) 경영자들이 팀은 단 하나의 종류뿐이라고 하는 보편적인 신념에 빠졌기 때문이다. 실제로 팀에는 3가지 종류가 있다. 각각은 그 구조에서, 구성원들에게 요구하는 행동에서, 강점과 취약성에서, 한계에서, 필수적인 요구사항에서, (그러나 무엇보다도) 그 팀이 무엇을 할 수 있으며 무엇을 위해 조직되어야 하는 점에서 다르게 마련이다.

팀 조직의 첫 번째 형태는 '야구팀'이다. 심장절개수술을 하는 외과팀과 포드자동차 공장의 조립라인은 모두 야구팀이다. 전통적으로 디트로이트의 자동차 공장들이 새로운 모델을 디자인하기 위해 만든 팀은 야구팀과 같다.

팀 구성원들은 '팀에서' 활동하지만 '팀처럼' 활동하지는 않는다. 선수들 각자는 고정된 위치가 있고 그 위치를 벗어나지 않는다. 2루수가 투수를 대신하는 일은 거의 없다. 수술시 마취사가 간호사를 도와주는 일도 없다. "타자석에 들어서면, 완전히 너 혼자야"는 야구계의 오랜 속담이다. 디트로이트의 자동차 공장들의 전통적인 디자인팀에 마케팅 분야의 직원들은 거의 없었으며, 디자이너들로부터 조언을 의뢰받은 적도 없다. 디자이너들은 그들의 일을 하고난 뒤 개발부의 엔지니어들에게 넘겨주고, 그 다음 개발부의 엔지니어들은 자기들이 할 일만 하고서 제조 부서로 넘겨준다. 제조 부서는 차례대로 일을 하고는 판매 부서에 제품을 넘긴다.

요즘 기업의 경영자들과 경영 관련 문헌들은 야구팀에 대해서 거의 관심을 기울이지 않는다. 그런 팀을 팀으로 생각하는 것 자체가 잘못이다. 그러나 이런 종류의 팀은 굉장한 장점도 갖고 있다. 각 구성원은 개별적으로 평가될 수 있고, 명확하고도 구체적인 목표를 갖고 있으며, 결과에 대해 책임을 지울 수 있고, 미국 메이저리그 기록에서 보는 것처럼 통계적으로 성과가 측정될 수 있다. 선수들 각자는 개인의 특기를 최대한으로 살리는 훈련을 받을 수 있고 능력을 개발할 수 있다. 그리고 선수들은 팀의 다른 선수들과 손을 맞출 필요가 없으므로, 각각의 위치는 그들 각자가 아무리 신경질적이든 질투심이 많든 각광받기를 좋아하든 간에, 스타들로 구성될 수 있다.

그러나 야구팀은 융통성이 없다. 야구팀은 게임이 많이 이루어지고 선수들 각자의 움직임이 다른 선수들에게 완전히 익숙해져야 승률이 높아진다. 그것이 바로 이런 종류의 팀이 과거 디트로이트에 적합했던 이유다. 수십 년 전 신속하고 융통성 있는 자동차 디자인은 디트로이트의 자동차 회사들이 마지막으로 필요로 했고 원했던 것이었다. 전통적인 대량생산방식은 최소한의 디자인 변경으로 오랫동안 생산·판매하는 것이 필요했다. 더욱이 잘 사용하고 난 중고차(3년 정도 사용한)의 재판매 가격은 신차를 구입하려는 사람들에게는 가장 중요한 요소이므로, 매 5년마다 새로운 디자인(이것이 구형차 가격을 급격히 떨어뜨리는 요인이다)의 출시는 아주 심각한 실수를 범하는 셈이었다. 크라이슬러는 새롭고도 멋진 디자인의 차를 너무 일찍 내놓음으로서 판매도 위축되었을 뿐 아니라 시장 침식도 당한 적이 있다.

두 번째 종류의 팀 조직은 '축구팀'이다. 새벽 3시 발작을 일으킨 환자 주위로 몰려든 병원의 팀은 축구팀과 같다. 일본 자동차 회사들

의 디자인 팀도 마찬가지다. 축구팀 선수들도 야구팀처럼 고정된 위
치를 갖고 있다. 하지만 축구팀 선수들은 '팀처럼' 활동한다. 일본 자
동차회사들의 디자인팀은, 최근 미국의 자동차 회사들과 P&G가 열
심히 모방하려고 했던 것인데, 디자이너와 엔지니어, 제조기술자, 판
매요원이 '병렬적(parallel)'으로 작업한다. 전통적으로 디트로이트의
팀들은 '순차적으로(series)' 작업했다.

일본 회사들이 '유연대량생산방식(flexible mass production)'을 개발
하지는 않았다. 아마도 1960년경 IBM이 최초로 이것을 채택했던 것 같
다. 그러나 일본 자동차산업이 이를 도입하고 나서는 잘 팔리고 있는
구형 모델과 함께 신형 모델을 동시에 출시하는 것이 가능하게 되었다.
그렇게 되자 야구팀은 디트로이트의 자동차·회사들에는 정말 잘못된
종류의 팀이 되고 말았다. 나아가 대량생산 회사들 전체에 대해서도 마
찬가지였다. 그래서 디자인 공정은 축구팀으로 재조직되어야 했다.

축구팀은 지금 디트로이트의 자동차 회사들이 필요로 하는 융통성
을 갖고 있다. 그러나 축구팀에는 야구팀에 비해 훨씬 더 엄격한 요구
사항들이 있다. 그라운드에서 뛰는 선수들에게는 코치가 지시하는 소
위 '작전'이 필요하다. 일본 자동차 회사들이 신형 모델의 자동차 또
는 새로운 가전제품 디자인을 시작할 때 사용하는 (스타일, 기술, 성능,
무게, 가격 등에 대한) 시방서는 디트로이트의 공장들보다 훨씬 더 까다
롭고 상세하다. 더욱이 일본 공장들은 시방서에 훨씬 더 철저하다.

전통적인 야구팀형 디자인팀에서는 엔지니어링이든 제조부문이든
마케팅이든 간에 자기가 할 일은 자기방식대로 한다. 코치의 지시는
곧 법이다. 직원들은 한 사람의 상사가 내리는 명령에 잘 따라야 보

수가 높아지고 평가가 결정되며 승진이 보장된다.

일본 디자인팀의 개별 엔지니어는 소속된 엔지니어링 부서의 구성원이다. 그러나 그가 디자인팀에 소속되어 있는 것은, 디자인팀의 팀장이 그에게 요청했던 것이지 엔지니어링 부서의 책임자가 그를 보낸 것이 아니다. 그는 엔지니어링에 대한 조언을 해주고 아이디어도 얻게 된다. 그러나 그에 대한 지시는 디자인팀의 팀장으로부터 나오고 그가 성과를 평가한다. 만약 그 팀에 뛰어난 스타들이 있다면, 팀 리더가 그들에게 혼자 하는 일을 맡도록 결정했을 때만 활동을 할 수 있게 된다. 그렇지 않으면 스타들은 팀에 복종해야 한다.

세 번째는 복식 '테니스팀'이다. 이것은 GM의 새턴사업부가 추진하려했던 것으로, 전통적 조립라인을 대체한 작업방식이다. 재즈악단을 구성하는 악사들도 이와 유사하며, 거대 기업의 사장단을 구성하는 고위경영자들의 팀도 마찬가지다. 수십 년 전에 PC와 같은 순수한 혁신을 이뤄낸 팀이 가장 적합한 예다.

복식 테니스팀에서 선수들 각자는 고정된 위치라기보다는 우선적으로 맡고 있는 위치가 있을 뿐이다. 선수들은 서로서로 팀메이트의 강점과 약점에 맞추어 게임의 흐름에 따라 팀메이트가 놓친 공을 받아줄 것을 마음먹고 있다.

더욱 엄격한 것은 복식 테니스팀, 예컨대 GM의 새턴사업부가 유연생산 공장을 개발할 때 목표로 했던 팀의 규칙이다. 유연생산 공장은 진정 그런 팀을 필요로 한다. 복식팀은 꽤나 규모가 작아야 하는데 잘해야 5명에서 7명 내외다. 구성원들은 그들 각자가 팀으로서 충분히 기능을 하기 전까지 상당 기간 동안 함께 훈련받아야 하며 함께 작업해야 한다. 또한 구성원 각자의 작업 및 성과와 관련해 많은 융통성이 부여되어 있음에도 불구하고, 팀 전체에 대해 하나의 명백한 목표가 있어야 한다. 그리고 이런 종류의 팀은 오직 팀이 작업을 수행하는 것이고 개별 구성원은 팀에 공헌하는 것이다.

▌조직에 맞는 팀을 구축하는 방법

팀은 작업 성격에 적합해야 한다. 이런 3가지 종류의 팀들은 모두 진정한 팀들이다. 그러나 그것들은 너무나 다르기 때문에 각각의 팀은 그 행동, 최대로 힘을 쏟아야 할 곳, 그리고 그것이 할 수 없는 것 등이 서로 혼합될 수 없다. 한 종류의 팀은 한 종류의 게임밖에 할 수 없다. 게다가 어떤 종류의 팀을 다른 종류의 팀으로 바꾸는 것은 무척 어렵다.

팀 조직 구축에 점진적인 변화는 효과가 없다. 아무리 충격이 크더라도 과거와는 철저히 단절해야 한다. 이는 구성원들이 예전의 상사에게 보고할 수 없다는 것을 의미한다. 그들의 보수, 상여, 평가, 승진은 전적으로 그들이 새로운 팀에서 수행한 새로운 역할의 성과에 달려 있다. 그러나 이것은 수월한 일이 아니다. 때문에 언제나 적당히 타협점을 모색하려는 유혹이 있게 마련이다.

예를 들면 포드자동차에서는 재무관리 분야의 사람들을 새로운 디자인팀이 아닌 기존 재무관리 책임자 지휘 아래 남겨두었다. GM의 새턴사업부는 의사결정권을 새로운 팀에게 넘겨주기보다는 전통적인 관리자(일선 감독자와 노동조합의 대표 등)의 권한을 유지하려고 노력했다. 그러나 그것은 똑같은 사람들이 같은 운동장에서 야구와 복식 테니스 게임을 같은 시간에 하는 것과 같다. 아무런 성과 없이 좌절과 실패로 끝나버리고 만다. 비슷한 혼란이 P&G에서도 일어났다.

다른 말로 표현하면 팀은 도구다. 그러므로 팀은 각각 그 용도가 있고 특성이 있으며, 필수적 요구사항들이 있을 뿐만 아니라 한계점도 있다. 팀워크는 좋다거나 바람직한 것으로 끝나는 것이 아니라 필수적 요건이다. 팀원들은 항상 '팀처럼' 행동해야 한다. 어느 팀이 어떤 목적에 사용되어야 하는지는 매우 중요하고도 어려운 문제다. 그리고 아무런 선택을 하지 않는 것은 더욱 어렵고 위험한 의사결정이다. 그러므로 경영자들은 올바른 결정을 하는 것을 배워야 한다.

▌올바른 조직은 하나가 아니다

경영 그 자체에 관한 연구는 19세기 후반 서구 사회의 새로운 경험인 대규모 조직(기업, 정부 공공서비스, 대규모 상비군 등)이 갑작스럽게 등장한 것과 때를 같이 해서 출발했다. 그리고 1세기도 더 전에 바로 그런 조직의 출현과 더불어 시작된 조직에 관한 연구는 "세상에는 단 하나의 올바른 조직이 있다"거나 또는 "있어야 한다"는 가정에 기초했다. 단 하나의 올바른 조직의 모습이 어떤 것인가 하는 것은 수없이 바뀌었다. 그러나 단 하나의 올바른 조직에 대한 탐구는 지속되었고 또한 오늘날에도 계속되고 있다.

공식적 조직구조(formal organization structure)에 대한 필요성을 명확히 인식하게 된 계기는 제1차 대전이었다. 앙리 페이욜(Henry Fayol, 184~1925)과 앤드류 카네기(Andrew Carnegie, 1853~1919)의 기능적 조직구조(functional structure)가 하나의 올바른 조직이 아니라는 것을 밝혀준 것도 제1차 대전이었다. 제1차 대전 직후 피에르 S. 듀폰 (Pierre S. Dupont, 1870~1954)과 알프레드 슬로언은 '분권조직 (decentralization)'을 개발했다. 지난 몇 년에서부터 현재까지 우리는 거의 대다수의 조직들에 대한 하나의 올바른 조직으로서 팀을 적극 적으로 선호하기에 이르렀다.

그러나 세상에 단 하나의 올바른 조직이라는 것은 없다는 게 분명해 졌다. 오직 조직들만 있다. 각각의 조직에는 독특한 강점, 고유한 한 계, 구체적인 용도가 있다. 조직은 절대적인 것이 아니라는 것도 분명 해졌다. 조직은 사람들이 함께 작업함으로서 생산성을 올리도록 하는 하나의 도구다. 따라서 특정의 주어진 조직구조는 특정 상황과 특정 시기에 수행할 특정 과업에 적합해야 한다. 팀조직도 마찬가지다.

▌지식근로자가 세워야 할 진정한 목표

《경영의 실제》에서 피터 드러커는 '목표관리', '기업의 사회적 책임' 과 같은 개념을 정립했다. 목표관리는 원래 '목표와 자기관리에 의한 경영(management by objectives and self-control)'의 준말인데, 기업이 방향 설정을 잘못해 성과를 올리지 못하게 되는 문제를 해결하기 위 한 경영기법이다. 기업은 팀을 구성해 개개인의 노력을 공동의 노력 으로 결합시켜야 한다. 기업의 각 구성원들은 제각각 서로 다른 분야 에서 공헌하지만, 그들 모두는 공동의 목표달성에 공헌해야 한다. 그 들의 노력은 동일한 방향으로 모아져야 하고, 그들의 공헌은 다함께 하나의 목표를 달성하는 데 적합해야 한다. 그들 사이에 견해 차이나 알력 또는 불필요한 중복 노력이 없어야 한다.

그러므로 기업이 성과를 올리기 위해서는 각각의 직무가 기업 전체의 목표에 초점을 맞춰야 하고, 특히 경영자의 직무는 기업 전체의 성공에 초점을 맞추어야 한다. 상급 경영자는 하급 경영자가 해야 하고 기대되는 공헌이 무엇인지 알고 있어야 한다. 이런 요건이 충족되지 않으면 방향을 잘못 잡고 있는 것이다. 그들의 노력은 헛수고가 된다. 팀이 아니라 알력과 좌절, 갈등만 남게 되기 때문이다.

중세 시대, 교회 공사 현장에서 열심히 일하는 석공 세 사람에게 "지금 무엇을 하는가?"라고 질문했다. 첫 번째 사람이 고개를 푹 숙이고 이렇게 대답했다.

"나는 이것으로 먹고삽니다."

두 번째 사람이 비전 가득한 눈빛으로 말했다.

"나는 세상에서 가장 훌륭한 석공이 되기 위해 노력하고 있습니다."

그러자 세 번째 사람이 계속 망치를 열심히 치면서 말했다.

"나는 교회를 짓고 있습니다."

세 번째 사람이 진정한 의미의 경영자다. 목표를 제대로 그리고 확실히 알고 있기 때문이다. 첫 번째 사람은 자신이 받는 하루치 보수에 적합한 일을 하고 있지만 경영자가 아니다. 두 번째 사람은 경영자이지만 문제가 있다. 물론 개인적 솜씨, 즉 장인정신(workmanship)은 필수적이다. 그것이 없으면 어떤 일에서도 좋은 성과를 올릴 수 없다. 하지만 돌을 잘 매만지는 일을 하면서 마치 무엇인가 큰일을 하고 있다고 착각해서는 안 된다.

어떤 기업이든 대다수 경영자들은 두 번째 사람과 같은 것에만 관심을 기울인다. 이 점은 특히 젊은 경영자들에게 해당된다. 경영자로서 개인의 습관과 비전, 가치관은 원칙적으로 그가 젊었을 때 기능적으로 특수한 업무를 하는 동안 형성된다. 또한 기능적 전문가는 장인정신이라는 측면에서 높은 기준을 도달하는 것, 다시 말해 '세상에서 가장 훌륭한 석공' 이 되려고 노력하는 게 필요하다. 장인정신을 강조하는 것은 모든 경영 분야에서 혁신과 진보를 안겨주는 효과를 얻게 된다. 경영자들이 '전문적인 인적자원관리' 를 하기 위해, '최신 공장을 가동' 하기 위해, '과학적 시장조사' 를 하기 위해, '가장 현대적인 회계제도' 를 도입하기 위해, '완벽한 엔지니어링' 을 실행하기 위해 노력하는 것은 장려될 필요가 있다.

그러나 기능적이고도 특수한 분야에서만 장인정신을 발휘하려고 노력하는 것은 위험하다. 그것은 비전과 노력을 기업의 목표와 다른 데로 향하게 할 수 있다. 기능적 장인정신 자체가 목표가 되어버릴 수 있다. 기업의 전반적 성과를 위해 일하라는 요청을 받으면 '훌륭한 엔지니어링', '원활한 생산', '적극적인 판매활동' 에 대한 간섭으로 생각하고 분개하기도 한다. 기능적 경영자가 장인정신에 대해 느끼는 이런 갈망이 적절히 견제되지 않으면 기업은 힘을 한곳으로 모으지 못하고 각각의 기능 분야로 분산되게 된다. 자신의 '비밀' 을 열심히 보호하고, 기업 자체의 성장보다는 자신의 영역을 확대하려는, 기능적인 왕국들이 느슨하게 모인 연합체로 전락시키는 노릇을 하게 된다.

판매 책임자의 목표는 자신과 휘하 직원들이 판매부 전체의 성과에 기여하도록 하는 것이다. 사업부제 조직을 운영하고 있는 기업에서 한 사업부를 맡고 있는 책임자의 목표는 자신의 사업부가 기업 전체의 목표달성에 기여하는 것이어야 한다.

chapter 11

지식근로자의 혁신과 기업가정신

▌세이와 슘페터 그리고 드러커

오늘날 경영에서 자주 사용하는 '혁신(innovation)'이나 '기업가정신(entrepreneurship)'이라는 말은 장 바티스트 세이(Jean Batiste Say, 1767~1832)가 만든 용어다. 혁신이란 기업가가 기업가정신을 발휘하기 위한 구체적인 수단이다. 경영혁신은 기존의 자원이 새로운 부(富)를 창출하도록 하는 활동이다.

혁신 자체가 새로운 자원을 창출한다. 인간이 어떤 자연 그대로의 것에 대해 용도를 찾아내고는 그것에 경제적 가치를 부여하기 전까지는 '자원'이라고 부를 것은 아예 존재하지 않는다. 예컨대 인삼의 효능을 알기 전까지는 인삼은 그저 잡초 뿌리에 불과했다. 한 세기

176

전까지만 해도 보크사이트나 알루미늄 원광은 단순히 쇳덩어리였다. 땅에서 솟아나온 원유는 농부에게 토양을 망치는 오염물질일 뿐이었다. 페니실린도 한 때는 병균일 뿐이었다.

조지프 슘페터(Joseph Schumpeter, 1883~1950)는 "기업가의 역할은 창조적 파괴(creative destruction)"라고 했다. 20세기 경제학자 중에서 슘페터만이 기업가에 대해, 기업가가 경제에 미치는 영향에 대해 관심을 기울였다. 다른 모든 경제학자들도 기업가가 중요하고 또 영향력을 가지고 있다는 점은 알고 있었다. 그러나 그들은 기업가정신이 경제에 중대한 영향을 미치기는 하지만, 그 자체가 경제의 한 구성요소가 아니라 경제의 모습을 결정짓는 외생요소(exogenous factor)로만 보았다.

슘페터는 혁신을 다음과 같이 정의했다.

"혁신이란 어떤 사회체계 또는 경제체계의 균형점을 이동시키는 것이다. 그 새로운 균형점은 그 이전의 균형점으로부터 연속적인 것이 아니다."

시스템의 성질을 변화시켜야 해결할 수 있는 불균형을 만들어내는 변화가 바로 혁신이다. 슘페터의 혁신 개념에는 조직의 내외부에서 창출된 새로운 제품과 원료, 시장, 조직방식 생산방식 등이 포함된다. 이런 새로운 것을 도입하는 과정에 창조적 파괴가 일어난다. 예를 들면 우편마차를 몇 대 연결한다고 기차로 변하지는 않는다. 제1차 산업혁명의 원동력이 되었던 것은 증기기관이었다. 그러나 증기기관의 원리인 열과 압력의 관계에 대한 지식은 이미 1660년경 물리학자들에 의해 밝혀져 있었다. 실제로 사용 가능한 증기기관이 발명되기까지 100년이나 걸렸던 것은 요소기술 사이의 불균형이 해소되지 않았기 때문이다. 1775년 제임스 와트에 의해 응축기가 발명되자 이 불균형이 제거되었고 새로운 시스템이 탄생하게 되었다. 이러한 의미에서 증기기관의 개발은 슘페터가 말하는 혁신이다.

현대 기술의 요소기술들을 연구하다 보면 기존의 시스템 속에서는 해결할 수 없는 불균형이 발생하는 경우가 있다. 따라서 기술자가 자신의 전문분야에 초점을 좁혀서 기술을 극한까지 추구해가다 보면, 많은 경우에 그것이 슘페터가 말하는 불균형을 만들어 혁신의 원천이 된다. 여기서 혁신의 계층이라는 개념이 필요하다. 즉, 아주 작은 기술 시스템에서 혁신이 발생하면 그것은 다른 기술 시스템에 영향을 미친다. 그것들을 포함하는 커다란 시스템에서 본다면 거기에는 또 다른 불균형이 발생된다. 그리고 그것은 또한 다른 비슷한 수준의 시스템에 영향을 미치고, 뒤이어 그보다 고차원의 시스템에 계층적으로 혁신이 진행된다. 이처럼 "각 시스템 사이의 불균형을 새로운 기술개발에 의해 축차적으로 해소해가는 계층적 과정"을 혁신이라고 정의할 수 있다.

혁신은 이론적으로 말하면 새로운 생산함수(또는 생산가능곡선)의 도입으로, 비용곡선을 아래로 끌어내려 수확체감의 법칙을 수정하게 된다. 다시 말해 일반적으로 기존의 제품들은 시간이 지남에 따라 수익이 감소하게 되는데, 기업은 새로운 제품을 개발해 수익을 유지하게 된다. 자본주의의 역사 과정은 이와 같은 혁신적 변화에 따라 발전해왔기 때문에 이를 무시하고 자본주의 과정을 해명할 수는 없다.

피터 드러커는 노동의 질이 사람마다 다르고, 기업경영에서 경영자

개인의 창의성과 혁신, 사회적 책임이 중요하다고 생각하고 있었으므로, "경제학의 진정한 주체는 이노베이터(innovator)이다"라는 슘페터의 혁신이론을 실천적으로 받아들여 '혁신과 기업가정신'으로 발전시켰다.

기업가정신이 오직 경제적 영리조직에서만 발휘되는 것은 결코 아니다. 예컨대 병원의 발달사를 토대로 기업가정신에 관한 사례집을 만들 수도 있다. 18세기 말 에든버러와 빈에서 최초로 현대적 병원이 설립된 것을 시작으로, 19세기 미국에서 여러 형태의 '지역병원'이 등장했다.

▍기술 진보의 요건과 유형

기술은 생산활동에 적용될 수 있는 모든 지식을 총체적으로 의미하는 개념이며, 이러한 지식이 증가하는 현상을 '기술의 진보(technological improvements)'라고 부른다. 기술의 진보는 교육과 현장훈련 그리고 작업장에서의 경험 등을 통해 근로자의 인적자본(human capital)이 축적되거나, 과학자에 의해 신물질과 신기술 그리고 생산공정에 관한 새로운 지식이 출현했을 때 발생한다. 이 외에도 낡은 장비를 새로운 첨단 장비로 대체하거나 혁신적인 경영기법을 도입하는 것도 기술의 진보를 촉진한다.

기술의 진보는 노동과 자본의 생산성을 향상시키기 때문에, 같은 양의 투입물을 투입하더라도 더 많은 생산량을 생산할 수 있다. 기술 진보와 관련해 능률 향상에 관한 특징은 다음과 같다.

첫째, 새로운 생산기술은 종전보다 더 많은 산출량을 생산하기 위해 동일한 요소의 투입량을 다르게 결합할 수 있게 한다.

둘째, 새로운 생산기술은 동일한 산출물을 생산하기 위해 똑같은 요소를 투입하더라도, 한 생산요소 또는 다른 생산요소의 투입량을 절감시킬 수 있다. 그리고 종전과 동일한 산출량을 얻는 데서도 기준의 생산요소가 더 많이 투입되지 않도록 한다.

셋째, 새로운 생산기술은 종전과 동일한 산출량을 생산하기 위해 똑같은 요소를 투입할 수 있으나, 일부 (가격이 비싼) 생산요소를 적게 사용하는 반면 다른 (가격이 싼) 요소를 더 많이 투입하도록 해서 총비용과 투입량을 절감시킬 수 있다.

넷째, 새로운 생산기술은 현재까지 사용된 일이 없거나 이용할 수 없었던 요소를 효과적으로 사용할 수 있게 한다.

기술이 진보하면서 노동과 자본 중 어떤 투입물의 생산성 증가율이 더 높은가에 따라 그 유형을 분류할 수 있다. 기술의 진보에 의해 자본과 노동의 생산성이 똑같은 비율로 증가하는 경우를 중립적 기술진보(neutral technological improvements), 기술진보가 자본의 생산성을 더욱 높이는 경우에 자본절약적 기술진보(capital-saving technological improvements), 그리고 노동의 생산성을 더욱 높이는 경우에는 노동절약적 기술진보(labor-saving technological improvements)가 발생했다.

그러나 일부 기업에서는 최고경영자, 중간관리자, 기술간부들은 기업 외부에서 전개되고 있는 기술진보에 적응하지 못해 도태될 수 있으며, 다른 기업이 사용하고 있는 보다 더 나은 생산공정을 알 수 없는 경우도 있다. 이러한 요소들은 동일한 사업에 종사하는 기업들이 왜 상이한 생산함수를 가지는가를 설명하는 요인이 된다.

▌조직의 외부효과와 환경적응적 대응

외부효과는 어떤 경제단위의 소비 또는 생산활동이 시장기구를 통하지 않고 다른 경제단위의 경제활동에 의도하지 않은 득(得)이나 해(害)를 발생시키는 현상이다. 득이 되는 부작용이 발생하는 경우를 '외부경제(external economies)' 또는 '양의 외부효과(positive externality)'라고 하며, 해가 되는 부작용이 발생할 때는 '외부 비경제(external diseconomies)' 또는 '음의 외부효과(negative externality)'라고 한다. 시장기구를 통하지 않는다는 것은 외부효과에 의한 득이나 해에 대한 어떠한 보상도 존재하지 않는다는 것을 의미한다.

소비활동에 의해서 외부효과가 발생하는 경우를 '소비의 외부효과(consumption externality)'라고 하는데, 전염병 예방주사를 맞는 행동은 아무런 대가 없이 다른 사람들에게 이득을 주기 때문에 소비의 외부 경제를 발생시킨다. 그리고 좁은 공간에서 흡연하는 행위는 아무런 보상도 없이 비흡연자에게 해를 끼치기 때문에 소비의 외부 비경제를 초래하게 된다.

'생산의 외부효과(production externality)'는 생산활동에 의해서 외부효과가 발생하는 경우다. 예컨대 하천 상류에 위치한 염색 공장이 폐수를 방류해서 하류에 위치한 세탁 공장에 피해를 끼치는 행위는 '생산의 외부 비경제'다. 특정 기업의 연구개발을 통해 다른 회사들에도 기술확산효과가 발생하면 연구개발에 대한 지출은 '생산의 외부 경제'를 발생시킨 것이다.

외부효과가 거래될 수 있는 시장은 존재하지 않으므로 가격체계는 외부효과에 의한 득이나 손해를 반영하지 못한다. 따라서 외부효과가 존재하는 경우에는 사적 비용과 사회적 비용이 일치하지 않거나, 사적 이득과 사회적 이득이 일치하지 않게 되어 경제 전체의 자원배분은 비효율성을 지니게 된다.

외부효과에 의한 자원배분의 비효율성을 해결할 수 있는 방안은 크게 2가지로 구분될 수 있다. 하나는 '외부효과의 내부화(internalization of externalities)' 로서, 기업들 사이의 기업합병 혹은 정부에 의한 조세부과 등의 방법으로 경제단위들의 의사결정 과정에 있어 외부효과에 의한 득 또는 해가 반영되도록 하는 것이다. 또 다른 한 가지 방법은 재산권을 명백하게 설정함으로써 외부효과가 거래될 수 있는 시장을 개설하는 것이다. 사회가 지식사회로 전환하면서 경영환경이 급변하고 있는데, 변화의 큰 흐름은 2가지다. 하나는 육체노동을 대신했던 기계화 및 자동화가 정보기술과 결합해 보다 표준화된 작업방식으로 대체되고 있다. 다른 하나는 인간화가 한층 더 강조되고 있다. 후자와 관련해 2가지 추세가 나타나고 있는데, 하나는 주로 정부에 의해 고용관련법 내지 규제를 증가하고 있고, 다른 하나는 지식근로자가 스스로 대등한 계약자(independent contractor)로서 조직과 계약을 맺는 추세가 증가하고 있다. 따라서 드러커는 "산업사회는 종업원사회(employee society)로서 종업원관계(employee relation)가 중요했지만, 지식사회는 피고용자가 종업원이 아니므로 인간관계(people relation), 이것은 human relation과는 다르다."가 중요하다고 강조했다.

지식사회의 전개과 더불어 기업은 자원의 조달 방법에 있어 선택의 폭이 넓어졌다. 주요 원재료와 부품을 만들거나 살 수 있고, 공장과 기계를 사거나 빌릴 수 있으며, 주요 인적자원을 고용하거나 아웃소 싱할 수 있는 등 선택의 폭이 다양해졌다. 아웃소싱할 수 없는 것은 미분적 사고에 의하면 최고경영자뿐이다. 다시 말해 CEO가 곧 기업 이다. 이런 추세가 가능하게 된 것은 로널드 코스(Ronald Coase, 1910~)가 주장한 거래 비용이 지식사회의 발달과 정보기술의 확산 덕 분에 고려할 필요가 없는 수준으로 감소했기 때문이다.

코스는 1931~1932년 미국 기업들을 관찰하고는 기업의 규모와 거 래 비용(탐색 비용, 정보 비용, 협상 비용, 집행 비용 등) 사이에 상관관계 가 있음을 파악했다. 그것은 회사가 필요한 부품들을 시장에서 구입 하는 비용, 즉 거래 비용과 회사가 필요한 부품들을 회사 내부에서 직접 생산하는데 드는 비용, 즉 관리 비용 중 어느 것이 더 크냐에 따 라 기업의 규모가 결정된다는 것이었다. 코스는 이런 내용을 바탕으 로 1937년 〈기업의 본질(The Nature of the Firm)〉이라는 논문을 발표 했고, 그 업적이 인정되어 1991년 노벨 경제학상을 받았다.

▌기업가적 성격은 타고나는가

기업가적 성격(entrepreneurial personality)이 타고나는 것인가에 대해 많은 논의가 있다. 하지만 드러커는 자신이 지난 수십 년 동안 같이 일해본 기업가들 가운데 그런 성격을 가진 사람은 거의 없었다고 말 한다. 드러커는 성공한 기업가들이 공통적으로 갖고 있는 것은 어떤 종류의 개성이 아니라 경영혁신의 체계적 실천에 대한 의지였다는 것이다.

혁신은 기업가정신의 구체적인 기능이다. 그것이 기업이든 공적 기관이든 어떤 개인이 차고에서 새로 시작한 벤처든 상관없다. 혁신은 기업가가 새로운 부를 이끌어내는 자원을 창조하거나 기존 자원으로 더 많은 부를 창출할 수 있는 잠재적 능력을 제고하는 수단이다.

오늘날 기업가정신이 무엇인지 적당한 정의를 찾는 데는 상당한 혼란이 있다. 어떤 관찰자들은 모든 소규모 기업을 지칭하는 용어로 사용하고 있고, 또 어떤 사람들은 새로운 모든 사업을 지칭하기도 한다. 그러나 실제로는 충분히 자리를 잡은 많은 기업들이 무척 성공적으로 기업가정신을 발휘하고 있다. 따라서 기업가정신이라는 용어는 기업의 규모나 연령과는 관계없으며 어떤 종류의 활동과 관련이 있다. 그런 활동의 핵심을 이루는 것이 바로 혁신인데, 그것은 기업의 경제적·사회적·잠재적 능력에 의도적으로 초점을 맞추어 변화를 일으키려는 노력을 말한다.

▌혁신의 7가지 창문

물론 세상에는 천재의 번뜩이는 능력으로 이룩된 혁신들이 있다. 그러나 대부분의 혁신들은, 특히 성공적인 혁신은 혁신 기회를 의식적이고도 의도적으로 탐색한 결과인데, 그런 기회가 별로 많지는 않다.

기회의 원천들은 위험의 본질, 난도(難度), 복잡성에서 서로 다르지만, 서로 중복되는 게 사실이다. 그리고 어느 시점에 혁신에 대한 잠재적 능력은 한 영역에만 한정되지는 않을 것이다. 그러나 이런 원천들이 결합되면 그것은 모든 혁신 기회의 대부분을 차지하게 된다. 다음의 기회를 드러커는 '혁신의 7가지 창문'이라고 명명했다.

우선 기업 내부 또는 산업 내부에 혁신의 4가지 창문이 있다.

첫째, 예상치 못했던 성공과 실패.

둘째, 불일치.

셋째, 프로세스(process)상의 필요성.

넷째, 산업과 시장의 변화.

그리고 기업 외부 또는 산업 외부에 3개의 창문이 있다.

넷째, 인구의 변화.

다섯째, 인식의 변화.

여섯째, 새로운 지식.

혁신 기회 가운데 가장 쉽고도 단순한 원천 즉 예상치 못했던 일을 생각해보자. 1930년대 초 IBM은 최초의 현대적 계산기계를 개발했다. 그것은 은행 업무에 적합하게 디자인되었지만 1933년 은행들은 그 새로운 기계를 구입하지 않았다. IBM을 살려준 건 공공도서관이었다. 뉴욕의 공공도서관이 기계를 사고자 했던 것이다. 뉴딜(New Deal)정책이 실시되고 있던 초기 시절이라, 은행과는 달리 도서관들은 자금이 넉넉했다. 그 후 IBM은 공공도서관에 100대 이상 팔았다.

그로부터 15년 뒤, 사람들이 컴퓨터가 업무를 처리하기 위해 고안된 것이라는 사실을 받아들이게 되자, 뜻밖에도 많은 기업들이 급료계산 업무를 할 수 있는 IBM의 계산기계에 관심을 보였다. 유니백(UNIVAC) 사는 당시 최첨단 컴퓨터를 만들고 있었지만, 컴퓨터를 기업 업무에 적용시키는 데는 관심이 없었다. IBM은 즉각 자신들이 예상치 못했던 성공의 가능성에 직면했음을 알아차리고는, 유니백의 컴퓨터를 이용해 급료계산과 같은 기업의 일상적 업무를 처리할 수 있도록 컴퓨터를 재디자인했는데, 그 결과 5년 뒤 IBM은 컴퓨터 산업의 선두주자가 되어 지금까지도 그 위치를 지키고 있다.

예상치 못했던 실패 역시 중요한 혁신 기회의 원천이 되기도 한다. 포드자동차의 에드셀(Edsel) 모델은 자동차 역사상 가장 실패한 신제품이라 평가받는다. 하지만 에드셀의 실패가 그 후 포드가 거둔 많은 성공의 기초가 되었다는 사실은 잘 모르고 있다. 일찍이 볼 수 없었던 정성을 기울여 디자인한 에드셀은 포드가 GM과 경쟁하기 위해 풀생산라인(full product line) 정책을 펴기 위한 첫 시도였다. 하지만 에드셀에 기울 펴노력이 수포로 돌아가자 포드는 GM을 비롯한 모든 자동차 회사들이 기본 기울삼고 있었던 설계·생산·판매방식에 역행하는 그 무엇이 자동차 시장에 등장하고 있음을 알아차렸다. 이제 시장은 더 이상 소득계층별로 나뉘지 않았다. 오늘날 우리가 말하는 '라이프스타일'이 시장세분화의 새로운 원칙이 되었던 것이다. 이것을 간파한 포드는 즉각적으로 반응해 새로운 모델을 내놓았다. 바로 무스탕(Mustang)과 썬더버드(Thunderbird)였다. 이로써 포드는 자동차 산업의 선두주자 위치를 탈환했다.

예상치 못했던 성공과 실패는 대부분의 기업들이 잊거나 무시하거나 심지어 분노를 느끼기 때문에, 오히려 혁신 기회의 좋은 생산적 원천이 된다. 1906년 경 최초의 비중독성 마약인 노보카인(novocaine)을 합성한 독일의 과학자는, 그것을 수족 절단과 같은 중요한 외과적 수술에 사용하기로 마음먹었다. 그러나 외면받았다. 외과의사들은 중요한 수술에는 전신마취를 선호했기 때문이다. 대신 국소마취에 탁월함을 인정받아 치과의사들로부터 좋은 반응을 불러일으켰다.

경영자가 예상치 못했던 일을 당했을 때 흔히 취하는 태도는 "이런 일이 일어나서는 안 되는데"라고 하는 것이다. 기업의 보고 시스템은 이런 반응을 뿌리 깊게 반영하고 있는데, 그 이유는 보고 시스템이 예상치 못했던 사건 발생 가능성에 대해서는 주의를 기울이지 않기 때문이다. 월별 보고서나 분기별 보고서는 전형적으로 첫 페이지에 문제의 목록을 담고 있는데, 그것은 실적이 기대치에 못 미친 분야들을 나타낸다. 물론 그런 정보는 꼭 필요하다. 실적이 더욱 나빠지는 것을 예방하는 데 도움이 되기 때문이다. 그러나 또한 그것은 새로운 기회를 인식하지 못하게 만들기도 한다. 새로운 기회가 있음을 처음으로 파악할 수 있는 방법은 대개 회사가 예산을 짤 때보다 성과를 더 많이 낸 분야를 살펴보는 것이다. 그러므로 진정한 기업가적 기업의 보고서에는 첫 페이지가 2가지다. 하나는 '문제' 페이지이고 다른 하나는 '기회' 페이지다. 그리고 경영자는 이 두 페이지에 똑같은 시간을 할애한다.

알콘(Alcon) 사는 1960년대 최고의 성공사례 가운데 하나로 지목된다. 회사의 창업자인 빌 코너(Bill Connor)가 의학기술의 불일치(incongruity)를 잘 활용했기 때문이었다. 백내장 수술은 평범하기로는 세상에서 손꼽을 수 있는 수술이다. 지난 300여 년 동안 의사들은 이 수술을 발전시켜, 구식 수술의 잔재는 오직 인대 절단뿐일 정도로 체계화했다. 안과전문의들은 아무런 문제없이 성공적으로 인대를 절단하는 법을 배웠지만, 그 과정이 안과수술의 전반적인 방법과는 너무 다르고 어색했기 때문에 때때로 겁을 먹기도 했다. 그야말로 앞뒤가 맞지 않는 불일치 현상이었던 것이다.

그런데 의사들은 인대를 절단하지 않고 녹일 수 있는 효소의 존재를 이미 50년 전부터 알고 있었다. 코너가 한 일이라곤 효소에 보존 물질을 첨가해 효소가 몇 달 동안 살 수 있도록 한 것뿐이었다. 안과 전문의들은 코너의 새로운 화합물을 즉시 받아들였고 알콘은 독점권을 갖게 되었다. 그로부터 15년 뒤, 스위스의 네슬레(Nestlé)가 엄청난 돈을 주고 이 회사를 인수했다.

이런 프로세스상의 논리 또는 리듬의 불일치는 혁신 기회가 발생할 수 있는 수많은 가능성 가운데 겨우 하나일 뿐이다. 또 다른 기회의 원천이 되는 것은 경제적 현실 사이의 불일치다. 예컨대 1950년대와 70년대 사이 선진국의 강철 산업처럼 어떤 산업의 시장이 지속적으로 성장하지만 이익은 줄어든다면 불일치가 존재하고 있는 것이다. 그리고 이에 대한 혁신적 대응이 있었다. 바로 미니밀(minimill, 고철을 녹여 쇳물을 만드는 제철 설비)이다.

기대와 결과 사이의 불일치도 혁신에 대한 가능성을 제공한다. 20세기에 들어 50여 년 동안 선박 회사들과 해운 회사들은 모두 속도는 빠르지만 연료소모율은 낮은 선박을 만들려고 부단히 노력했다. 그런데 이들이 성공하면 할수록 해운 산업의 경기는 더욱 나빠졌다(1950년 경 해운 산업은, 완전히 죽었다고 할 것까지는 아니었지만 거의 빈사 상태였다).

문제는 전적으로 해운 산업의 가정과 현실 사이의 불일치에 있었다. 실질적인 원가는 작업의 진행(해상운항) 때문이 아니라 작업의 중단(항구에 정박) 때문에 발생했다. 두 산업의 경영자들이 원가의 대부분이 어디에서 발생하는지 파악하게 되자 이에 대응한 혁신의 방향이 분명해졌다. 페리 선박과 컨테이너 선박이었다. 이런 해결방식은 오래된 기술을 활용한 것으로, 철도와 트럭운송업자들이 30여 년 동안 사용해왔던 것을 해운 산업에 적용한 것뿐이었다. 기술의 전환이 아니라 관점의 전환이 해운 산업을 완전히 되살렸고, 지난 20~30년 동안 주요 성장 산업 가운데 하나로 바꿔놓았다.

일본에서 자동차를 몰아본 사람이라면 알다시피 이 나라에는 현대적 고속도로 시스템이 없다. 일본의 도로는 10세기 경 소달구지를 위해 만든 도로를 따라 여전히 뻗어 있다. 그렇다면 무엇이 일본의 도로 시스템으로 하여금 승용차와 트럭이 통행할 수 있도록 해줄까? 다름 아닌 1930년대 초부터 미국의 고속도로에서 사용하고 있는 반사경을 일본 도로 사정에 맞게 적용함으로써 가능했다. 이 반사경은 6개의 방향 어디에서든 자동차가 진입하면 그것을 모든 자동차에 보여준다. 이 사소한 발명은 교통을 원활하게 하고 사고를 최소한으로 줄여주었는데, 이는 프로세스상의 필요성에 착안한 것이었다.

1909년 경 AT&T의 한 통계전문가는 2개의 곡선방정식이 15년 뒤에 어떤 양상을 띠는지 그려보았다. 이 2개의 곡선은 전화교신량과 미국의 인구를 표시하는 것이었다. 2개의 곡선을 겹쳐서 한꺼번에 관찰했더니, 이 곡선들은 1920년 무렵이면 미국의 독신여성 모두가 전화교환수로 근무해야 한다는 계산이 나왔다. 프로세스상의 필요성이 분명해졌으므로, 그 뒤 2년 만에 AT&T는 자동전화교환기를 개발해 설치했다.

우리가 지금 미디어(media)라고 부르는 것 또한 따지고 보면, 1890년 경에 있었던 프로세스상의 필요성에 의한 혁신에 그 기원을 두고 있다. 하나는 오트마 메르겐탈러(Ottma Mergenthaler, 1854~1899)의 주조식자용 라이노타이프(linotype)였는데, 신문을 빨리 그리고 많은 양을 인쇄할 수 있도록 하는 것이었다. 다른 하나는 사회적 혁신인데, 다름 아닌 현대적 광고였다. 광고는 최초의 진정한 신문발행인들인 『뉴욕타임스(New York Times)』의 아돌프 옥스(Adolph Ochs, 1858~1935), 『뉴욕월드(New York World)』의 조셉 풀리츠(Joseph Pulitzer, 1847~1911) 그리고 윌리엄 랜돌프 허스트(William Randolph Hearst, 1863~1951) 등에 의해 창안되었다. 광고는 그들로 하여금 광고 판매의 수입만 가지고도 신문을 사실상 공짜로 배포할 수 있도록 해주었다.

경영자들이 산업구조를 전능하신 하느님으로부터 받은 것으로 믿고 있는지 모르지만, 그것들은 하룻밤 사이에 변할 수도 있다. 산업구조의 그런 변화는 혁신 기회를 엄청나게 제공한다. 최근 몇 십 년 동안 있었던 미국 기업의 최대 성공담 중 하나는 증권회사 DL&J인데, 이 회사는 최근에 이쿼터블생명보험(Equitable Life Assurance)으로 넘어갔다. DL&J는 1961년 3명의 젊은이들에 의해 설립되었다. 그들은 모두 하버드대학교 경영대학원 출신으로, 일찍이 금융 산업의 구조가 앞으로 기관투자가들이 주도하는 방향으로 변해간다고 인식했다. 이 젊은이들은 자본을 대줄 아는 사람도 없었다. 그럼에도 불구하고 몇 년 만에 그들의 회사는 수수료 수입에 기초한 투자자문업계의 선두주자가 되었고, 월스트리트에서 최고 성과를 내는 별이 되었다. 또한 이 회사는 법인 형태로 전환한 뒤 주식을 상장한 최초의 사례가 되었다.

이와 비슷한 방식으로, 산업구조의 변화는 미국의 의료기관들에게도 엄청난 혁신 기회를 제공했다. 지난 수십 년 동안 개인이 운영하는 외과병원과 정신병원, 응급진료소, 회원제 건강 의료단체 HMO(Health Maintenance Organization) 등이 미국 전역에서 생겨났다. 통신 산업의 부흥에 따라 통신업계에도 유사한 기회가 제공되었다. 통산장치 분야에서는 사설 교환장치 제조를 전문으로 하는 ROLM과 같은 회사가 등장했고, 송신 분야에서도 장거리서비스를 주로 하는 MCI와 스프린트(Sprint) 등이 생겼다.

어떤 산업이 급속히 성장(판단의 기준이 되는 숫자는 10년 또는 그 이내에 약 40퍼센트 성장)하는 경우 산업의 구조가 변한다고 봐야 한다. 기존 회사들은 이미 확보하고 있는 시장을 보호하는 데 집중하기 때문에, 새로운 경쟁자가 그들에게 도전해 오더라도 반격을 하지 않는 경향이 있다. 시장과 산업의 구조가 변하는데도 전통적 산업의 지도자들은 최고로 빨리 성장하는 시장 분야를 두세 번씩 거듭 무시하고 만다. 기존 산업계가 늘 시장에 접근해왔던 방식, 시장을 규정해왔던 방식, 시장에 서비스하기 위해 조직해왔던 방식과 적합한 형태로 새로운 기회가 오는 경우는 드물다. 그러므로 혁신에 성공하면 오랫동안 독무대를 차지할 좋은 기회를 갖게 되는 것이다.

혁신 기회의 외부적 원천 가운데 인구통계적 변화는 가장 믿을 만하다. 인구통계적 변화는 그 추세를 이미 알고 있다. 예를 들면 2010년까지 미국의 노동시장에 등장할 모든 사람은 이미 세상에 태어났다. 그러나 정책입안가들은 대체로 인구의 변화를 무시하기 때문에, 이런 현상을 관찰하고 잘 활용하는 사람은 큰 성과를 거두게 된다.

일본은 로봇 산업에서 앞서가고 있는데, 그 이유는 그들이 인구의 변화에 관심을 기울였기 때문이다. 1970년경 당시 선진국의 모든 사람들은 아이 덜 낳기 현상과 폭발적인 교육열 증가 현상을 모두 경험했는데, 그때 태어난 사람들의 절반 또는 그 이상이 고등학교를 졸업한 후 대학에 진학했다. 그 때문에 제조업의 전통적인 블루칼라 직업에 적합한 사람들의 수는 지속적으로 줄어들었고, 2010년까지 그 숫자가 모자라게 되어 있다. 모두가 이 사실을 알고 있었으나 오직 일본만이 그것을 활용했기 때문에, 지금 그들은 로봇 산업에서 다른 나라보다 10년을 앞서가고 있다.

여행 및 휴양 산업에서 클럽메드(Club Mediterrancee)가 거둔 성공도 대충 이와 같은 이유에서다. 1970년에 이르러 사려 깊은 관찰자들은 유럽과 미국에 부유하고 교육 수준도 높은 젊은 성인들의 수가 엄청나게 많아졌다는 사실을 알아차릴 수 있었다. 노동계층이었던 그들의 부모가 즐겼던 식, 예컨대 대규모 수영장이 있는 영국의 브라이튼(Brighton)이나 미국의 애틀랜틱(Atlantic)에서 여름철 휴가를 보내는 식으로는 성에 차지 않았으므로, 이들 젊은이들은 그들이 10대 때 몰려다녔던 '소굴'을 연상케 해주는 새롭고도 이국적인 데가 있다면 즉시 고객이 되었다.

경영자들은 인구 변화가 문제가 된다는 사실을 오래전부터 알고 있었지만 천천히 변한다고 믿었다. 그러나 20세기 인구 변화는 그렇지 않다. 인구수, 연령 분포, 교육 수준, 직업, 지리적 위치의 변화가 가능케 해주는 혁신 기회는 기업가가 추구해야 할 대상 치고는 성과가 가장 큰 반면 위험은 가장 낮은 것들이다.

"잔이 반쯤 찼다"와 "잔이 반쯤 비었다"는 동일한 현상을 표현한 말이지만, 서로 엄청나게 다른 의미를 갖고 있다. 경영자의 인식을 '반쯤 찬 잔'에서부터 '반쯤 빈 잔'으로 바꾸면 커다란 혁신의 기회가 열린다. 예를 들어 사실에 근거한 모든 증거가 제시해주는 바와 같이, 지난 20년 동안 미국 사람들의 건강은 전례 없이 빠른 속도로 개선되었다. 신생아의 사망률로, 고령자의 수명으로, (폐암을 제외한) 암 발병률로, 암 치유율로, 혹은 다른 어떤 요인들로 측정을 해보든 말이다. 그런데도 미국 사람들은 집단적 우울증에 걸려 있다. 건강에 그 정도로 관심을 보인적도 없고, 그 정도로 두려워했던 적도 일찍이 없었다. 느닷없이 온갖 것들이 암을 일으키거나, 퇴행성 심장병을 일으키거나, 조기 기억력 상실증을 유발하는 것으로 보이게 된 것이다. 잔이 분명히 반쯤 빈 것이다.

미국 사람들은 건강이 크게 좋아진 것을 즐기기보다는, 그들이 여전히 영생불멸(永生不滅)에서 얼마나 멀리 떨어져 있는지만 되뇌는 것처럼 보인다. 사물을 보는 이런 관점은 많은 혁신 기회를 창출했다. 예컨대 새로운 건강잡지 시장, 온갖 종류의 건강식품 시장, 헬스클럽과 조깅용품 시장 등이 생겨났다. 1980년대 초 미국에서 가장 빨리 성장한 새로운 기업은 실내운동 용품을 만드는 회사였다.

인식의 변화가 사실들을 변경시키지는 않는다. 하지만 인식의 변화는 사실들의 의미를 바꾸는데 그것도 매우 빠른 속도로 바꾼다. 컴퓨터가 위협적 존재, 오직 대기업에서만 사용하는 것으로 인식되던 것이, 사람들이 소득세 계산을 위해 장만하는 것으로 바뀌는 데 채 2년이 걸리지 않았다. 경제학은 이런 변화를 반드시 알려주지는 않는다.

사실상 경제학은 이 점에서는 부적절할지도 모른다.

사람들로 하여금 잔이 반쯤 찬 것으로 아니면 반쯤 빈 것으로 보는지 결정하도록 하는 것은 사실 그 자체가 아니라 그것을 보는 분위기다. 그리고 분위기의 변화는 대체로 계량화하기가 어렵다. 그렇다고 분위기라는 것이 전혀 외딴 것도 아니고 무형의 것도 아니다. 그것은 구체적이고 파악될 수 있으며 검증될 수 있다. 그리고 그것은 혁신의 기회로 활용될 수 있다.

역사를 새로 쓰게 한 혁신 중에는 새로운 지식에 기초한 혁신(그것이 과학적이든 기술적이든 사회적이든 간에)이 높은 위치를 차지한다. 지식에 기초한 혁신은 기업가정신의 슈퍼스타 격이다. 그것들은 매스컴을 타게 해주고 돈도 벌게 해준다. 그것들은 사람들이 혁신을 논할 때마다 그 의미에 대해 사람들이 일반적으로 동의하는 것이지만, 그렇다고 해서 지식에 기초한 혁신이 모두 중요한 것은 아니다. 그 가운데 더러는 보잘것없는 것도 있다.

지식에 기초한 혁신(knowledge-based innovation)은 그 혁신을 성공시키는 데까지 걸리는 시간이라는 점에서, 예상치 못한 사고율이라는 점에서, 예측 가능성이라는 점에서, 뿐만 아니라 그것들이 기업가에게 부여하는 도전이라는 점에서 다른 종류의 혁신과는 차이가 있다. 모든 슈퍼스타가 그렇듯이, 지식에 기초한 혁신은 신경질적이고 변덕스러우며 갈피를 잡기 어려울 때가 있다. 예를 들면 이 종류에 속하는 혁신은 모든 혁신들 가운데 리드 타임(lead time)이 가장 길다. 새로운 지식이 출현해 응용 가능한 기술로 확산될 때까지는 시간이 한참 걸 모든 그런 뒤에도 이 새로운 기술이 새로운 제품과 프로세스 또는 새로운 서비스가 가운시장에 등장하기까지는 또 다시 오랜 시간이 걸 모든 결국 관련된 리드 타임은 50여 년이고, 이 숫자는 역사를 통틀어 봐도 크게 단축되지 않았다. 이런 종류의 혁신이 효과를 발휘하기 위해서는 하나의 지식이 아니라 여러 가지 지식을 필요로 한다.

지식에 기초한 혁신들 가운데 가장 강력한 사례인 은행을 생각해보자. 기업가적 은행(entrepreneurial bank)에 관한 이론, 즉 경제개발을 추진하기 위해 자본을 의도적으로 사용하려는 것은 나폴레옹 시대, 생시몽(Comte de Saint-Simon, 1760~1825)이 제창한 것이다. 생시몽의 엄청난 기여에도 불구하고 2명의 제자 제이콥 에밀(Jacob Emile, 1800~1875)과 이삭 페레이레(Isaac Pereire, 1806~1880) 형제가 최초의 기업가적 은행인 크레디트모빌리에(Credit Mobilier)를 설립한 것은 1852년이었다. 크레디트모빌리에는 지역사회가 공급하는 화폐자본을 활용해 산업을 의식적으로 개발하는 역할을 수행했다. 그것은 당시 '저개발' 유럽 대륙 은행제도의 원형이 되었다. 그 후 페레이레를 본받아 독일, 스위스, 오스트리아, 이탈리아 등지의 많은 사람들이 상업 은행을 만들었는데, 그것들은 자국의 산업 발전을 촉진하는 핵심 중개 역할을 했다.

남북 전쟁 후 생시몽의 아이디어는 대서양을 건너 미국으로 갔다. 미국의 산업을 발전시킨 미국의 은행가들은 대륙 간 철도사업을 뒷받침한 제이 쿡(Jay Cooke, 1821~1905)에서 J. P. 모건(J. P. Morgan, 1837~1913)에 이르기까지 모두 페레이레를 모방한 사람들이었다. 비록 그들이 페레이레를 알았든지 몰랐든지 간에 말이다. 현대 일본 경제의 토대를 형성한 거대 은행 및 산업집단, 즉 재벌도 마찬가지였다. 그리고 지금 우리가 소위 금융 자본주의(finance capitalism)라고 부르는 데까지 이르게 한 것은 1825년 생시몽이 사망한 때로부터 30년이 지나고 난 뒤의 일이었다. 그러나 페레이레 형제는 그 무렵 영국에서 개발된 현대적 상업 은행(commercial banking)에 대해서는 몰랐다. 크레디트모빌리에는 불명예스런 일로 파산하고 말았다.

그로부터 10년 후 두 젊은이, 즉 미국인 J. P. 모건과 독일인 게오르크 지멘스(Georg von Siemens, 1839~1901)는 프랑스의 기업가적 은행과 영국의 상업 은행 이론을 결합해 최초로 현대적 은행을 성공적으로 설립했는데, 그것이 바로 뉴욕의 JP모건과 베를린의 도이체방크(Deutsche Bank)였다. 그로부터 또 10년 후 일본의 시부사와 에이치(澁澤榮一, 1840~1931)는 지멘스의 개념을 일본에 적용하고는 일본 현대 경제의 토대를 다졌다. 지식에 기초한 혁신이란 늘 이런 식으로 작동하는 것이다.

비록 어렵기는 해도 지식에 기초한 혁신은 관리될 수 있다. 지식에 기초한 혁신을 성공적으로 관리하려면 혁신을 가능케 하는 데 필요한 여러 종류의 지식을 신중하게 분석해야 한다. J. P. 모건과 게오르크 지멘스가 그 당시로는 벤처 산업인 은행을 설립했을 때 두 사람 모두 그렇게 했다.

게오르크 지멘스가 1870년에 설립한 도이체방크의 목적은 독일에서 기업가를 발굴·육성하고, 자금을 지원하며, 그들로 하여금 조직적이고도 규율이 잡힌 경영을 하도록 하는 것이었다. 그런 역할을 미국에서는 1861년 J. P. 모건이 설립한 JP모건이 수행했다. 두 사람의 목표는 많은 사람들의 돈을 동원해 보다 생산성 높고 더 많은 수익을 내는 기업에게 재배분하는 것이었다. 모건은 소위 벤처투자도 했다. 1892년 발명왕 토머스 에디슨(Thomas Edison, 1847~1931)을 도와 GE를 설립하게 했다. 에디슨이 설립한 에디슨제너럴전기회사와 톰슨휴스턴전기회사를 합병해 GE를 만든 것이다. 당시로는 대단한 모험이었다. 그 후 GE는 100년 이상 동안 『포춘(Fortune)』 100대 기업에서 빠지지 않는 유일한 기업이자 미국에서 가장 존경받는 기업이 되었다. 1897년 모건은 철도 등 기존의 산업에서부터 벤처 산업을 직접 추진했다.

필요한 것들을 신중하게 분석하는 것, 그리고 무엇보다 그것을 사용하게 될 고객들의 능력을 세심하게 분석하는 것 또한 필수적이다. 역설처럼 보일지 모르지만, 지식에 기초한 혁신은 다른 어떤 종류의 혁신보다도 더 시장의존적이다.

영국의 데하빌랜드(De Havilland) 사는 최초로 제트여객기를 설계했고 제작했지만, 시장이 무엇을 필요로 하는지 분석하지 않았다. 그 결과 2가지 중요한 요소를 확인하지 않았다.

하나는 비행기의 설계구조였는데, 그것은 제트여객기가 항공 회사에 최대 이익을 가져다 줄 항공노선에 취항하는 경우, 적당한 유료하중(有料荷重)을 유지하는 최적 규모의 비행기는 어떤 것인가 하는 것이었다.

다른 하나도 이와 비슷하게 평범한 것으로, 항공 회사들이 그토록 값비싼 비행기를 구입하는 데 드는 자금을 어떻게 조달할 수 있는가 하는 것이었다. 데하빌랜드 사가 고객에 관한 분석을 제대로 하지 않고 실패했기 때문에 그 후 두 미국 회사들, 즉 보잉(Boeing)과 더글러스(Douglas)가 민간용 제트기 산업을 석권했다.

▍혁신의 6가지 원칙

첫째, 기회를 분석한다. 뚜렷한 목적을 가진, 체계적인 혁신은 새로운 기회의 원천에 대한 분석으로부터 시작한다. 혁신이라는 맥락에서 보면, 기회의 원천은 때에 따라 중요성이 달라질 것이다. 예를 들면 인구통계는 철강 산업과 같은 기본적인 산업 프로세스의 혁신가들에게는 관심의 대상이 전혀 아닐 수도 있지만, 오트마 메르겐탈러의 라이노타이프 기계는 근본적으로 당시 큰 시장의 수요를 충족시킬 만한 숙련된 식자공들이 얼마 없었기 때문에 성공할 수 있었다. 이와 마찬가지로 인구의 변화 또는 조세법의 변화가 초래한 요구사항을 충족시키기 위해 사회적 제도를 혁신하려는 사람에게 새로운 지식이란 그다지 관련성이 없는 것일 수도 있다. 그러나 어떤 상황이든 혁신가들은 기회의 모든 원천을 분석하지 않으면 안 된다.

둘째, 현장을 확인한다. 혁신은 개념적일 뿐만 아니라 인식적이기 때문에 예비 혁신가들은 당연히 현장으로 나가서 관찰하고 질문하고 청취하지 않으면 안 된다. 성공적인 혁신가는 그들의 우뇌와 좌뇌를 모두 사용한다. 그들은 숫자를 살피고 사람을 관찰한다. 그들은 혁신이 새로운 기회를 충족시키기 위해서 혁신의 모습이 어떤 것인지 분석한다. 그런 뒤 그들은 현장으로 달려가 잠재 고객을 접촉하고, 그들이 기대하는 바와 가치관과 필요로 하는 것이 무엇인지 검토한다.

셋째, 집중한다. 효과를 내기 위해서 혁신은 단순해야 하고 초점을 분명히 맞추어야 한다. 오직 하나만 해야 한다. 그렇지 않으면 혼란에 빠진다. 어떤 혁신을 이뤄냈을 때 받을 수 있는 최고의 칭찬은 이것이다.

"어쩌다 이런 생각을 일찍 못했지? 이렇게 간단한 것을!"

심지어 새로운 고객과 시장을 창출하는 혁신마저도 구체적이고 분명하고 주의 깊게 구상된 용도에 그 초점을 맞추어야 한다.

넷째, 작게 시작한다. 목적을 달성하는 혁신은 작게 시작한다. 거창하지 않다는 말이다. 혁신은 어떤 구체적인 것을 시도한다. 예를 들어 철도 위를 달리는 도중에 전력을 끌어다 쓸 수 있는 차량을 만들려는 시도가 곧 전철을 가능케 한 혁신과 같은 것이다. 때때로 그것은 성냥갑에다 똑같은 수(대개 50개)의 성냥개비를 집어넣는 것처럼 초보적인 형태일 수도 있다. 하지만 이러한 간단한 생각이 성냥갑을 자동으로 채우는 방법을 개발하게 했고, 그 결과 스웨덴 사람들은 반세기 동안 성냥에 대해 세계적인 독점권을 누리게 되었다. 이와는 대조적으로 어떤 산업에 "혁명을 불러일으키자"라는 식의 거창한 아이디어는 성과를 낼 것 같지가 않다.

다섯째, 표준 설정자(standard setter)가 된다. 사실상 어떤 혁신이 크게 성공할지 아니면 사소한 성과를 올리다 끝나고 말지는 아무도 모른다. 그러나 비록 그 결과가 대수롭지 않게 끝난다 하더라도 애초부터 표준 설정자가 되려는, 새로운 기술과 산업 방향을 결정지으려는, 다른 회사들보다 앞서서 선두 자리를 계속 유지하려는 데 혁신의 목적을 두어야 한다. 만약 혁신이 처음부터 리더십을 발휘하려는 목적 없이 출발하게 되면 혁신이라고 할 만한 성과를 달성할 확률이 거의 없게 된다.

여섯째, 혁신은 체계적 노력이다. 무엇보다도 혁신은 천재성의 발휘가 아니라 노력의 결과다. 혁신은 지식을 필요로 한다. 혁신은 때로는 발명의 재주를 요구하기도 한다. 그리고 혁신은 초점이 맞아야 한다. 세상에는 혁신가로서의 자질을 더 많이 타고난 사람들이 있지만, 그들의 자질이란 한정된 분야에 국한된다. 한 분야 외에 다양한 활동을 벌이는 혁신가들은 그리 흔하지 않다.

에디슨은 모든 체계적·혁신적 업적에도 불구하고 오로지 전기 분야에서만 활동했다. 금융 분야의 혁신 기업인 씨티은행이 건강 분야의 혁신에 관심을 기울인다는 것은 있을 법하지 않다. 사람이 하는 다른 분야의 노력에서와 마찬가지로, 혁신을 하는 데도 자질이 있어야 하고 발명의 재간이 있어야 하며 지식이 있어야 한다. 그러나 궁극적으로 혁신을 완수하려면 열성적이고 초점을 맞춘 의도적인 노력이 필요하다. 만약 근면성과 집념 그리고 책임감이 모자란다면 자질과 발명의 재간과 지식은 아무 소용이 없다.

물론 기업가정신에는 체계적 혁신 이외에도 필요한 것이 많다. 예를 들면 뚜렷한 기업가적 전략과 기업가적 경영원칙인데, 이런 것들은 기존의 기업과 공공서비스 조직 그리고 새로운 벤처 기업에도 마찬가지로 필요한 것이다. 그러나 기업가정신의 기초 그 자체가 되는 것은 실천적이고 정신적인 면에서 체계적 혁신의 실천이다.

chapter 12

지식근로자의 과제

the Knowledge Worker

▌ 21세기와 지식근로자

20세기에 경영이 기여한 것 가운데 가장 중요하고 고유한 것은 제조 분야에서 육체근로자의 생산성을 50배나 증가시킨 사실이다. 이제 21세기 경영이 수행해야 할 가장 중요한 기여는 지식작업과 지식근로자의 생산성을 향상시키는 것이다. 20세기의 회사가 보유한 가장 가치 있는 자산은 회사의 생산시설이었다. 21세기 조직이 가장 가치 있는 자산은 지식근로자와 그들의 생산성이 될 것이다.

교육을 받은 사람이 처음으로 육체작업과 육체근로자에게 실질적인 관심을 기울이고 연구하기 시작한 것은 겨우 100년 전의 일이다. 위대한 시인이었던 그리스 헤시오드(Hesiod, BC 6세기)와 500년 후 로

마의 버질(Virgil, BC 70~79)은 '농부의 일'에 대해 노래했다. 그들의 시는 여전히 훌륭하다고 평가받는다. 그러나 그들이 노래한 '농부의 일'은 당시의 현실과는 매우 거리가 먼 것이었다. 헤시오드도 버질도 손에 낫을 들어본 적이 없었다. 양떼를 몰아본 적도 없고, 심지어 그 일을 하는 농부들을 쳐다본 적도 없었다.

버질로부터 1,900년 뒤, 마르크스가 육체노동과 육체근로자에 대해 글을 쓸 무렵도 마찬가지다. 그는 사실상 육체노동과 육체근로자를 거들떠보지도 않았고, 기계를 만져본 적도 없었다. 2가지 모두를 처음으로 한 사람, 다시 말해 육체근로자로서 실제로 일을 해본 뒤 연구를 한 사람은 프레더릭 테일러였다.

기록된 역사를 통틀어 오늘날 우리가 '생산성(이 용어 자체는 생긴 지 겨우 50여 년밖에 되지 않는다)'이라고 말하는 그것이 꾸준히 성장했다. 그러나 그것은 새로운 도구와 방법과 기술의 결과였다. 경제학자들이 '자본'이라고 부르는 게 증가한 것이었다. 하지만 시대를 통틀어 경제학자들이 '노동'이라고 부르는 육체근로자의 생산성에서는 거의 성장이 없었다. 육체근로자들이 더 열심히 더 긴 시간을 일해야만 더 많이 생산할 수 있다는 사실은 역사적으로 자명하다. 19세기의 경제학자들은 오늘날의 그들과 마찬가지로 대부분의 문제에 대해 서로 일치하지 않았다. 그러나 그들 모두(리카도에서부터 마르크스에 이르기까지)는 다음의 사항에서는 일치했다. 즉, '숙련'이라는 점에서는 육체근로자들 사이에 큰 차이가 있는 사실 말이다.

하지만 그들은 부지런한 근로자와 게으른 근로자 사이의 차이 외에는, 또는 육체적으로 튼튼한 근로자와 약한 근로자들 사이의 차이 외에는 생산성에 관한 한 차이가 없다고 보았다. 결국 생산성의 차이는 존재하지 않았다는 얘기다. 그것은 여전히 관계없는 요소로 취급되고 있고 대부분의 현대 경제이론의 방정식, 예컨대 케인즈의 경제학뿐만 아니라 오스트리아 학파의 이론에도 포함되지 않고 있다.

테일러가 작업에 대해 처음으로 관심을 기울이고 그것에 대해 연구한지 10년, 육체근로자의 생산성은 전례 없이 증가했다. 그 후 노동생산성은 복리로 연율 3.5퍼센트씩 꾸준히 증가해왔다. 그것은 테일러 이후 50배나 상승했다는 것을 의미한다. 20세기의 모든 경제적·사회적 발전은 이런 성과에 바탕을 두고 있는 것이다. 육체근로자의 생산성은 지금 우리가 선진 경제라고 부르는 것을 창조했다. 테일러 이전에는 그런 것이 없었다. 모든 경제는 다 '저개발' 이었다. 오늘날 저개발 경제 또는 '신흥' 경제는 육체근로자의 생산성을 높이지 못한, 적어도 아직은 생산성을 올리지 못한 경제다.

지식근로자의 생산성에 대한 연구는 이제 겨우 시작되었다. 지식근로자 생산성에 대한 연구라는 관점에서 서기 2000년의 우리는, 육체근로자 생산성이라는 관점에서 1880년경 우리 선조가 처해 있던 것과 거의 비슷한 위치에 서 있다. 그러나 우리는 지식근로자의 생산성에 대해 당시 육체근로자의 생산성에 대해 선조들이 알고 있는 것보다 이미 훨씬 더 많이 알고 있다. 우리는 심지어 해답에 대해서도 알고 있다. 그러나 또한 우리는 아직도 그 해답을 모르는 도전들이 많다는 것을 알고 있으며 그리고 그것에 대해 연구해야 할 필요가 있다는 것도 알고 있다.

테일러의 원칙은 믿을 수 없을 정도로 간단하게 들린다. 육체근로자의 생산성을 높이는 최초의 단계는 작업을 면밀히 검토하고 그 구성 동작들을 분석하는 것이다. 그 다음 단계는 각 동작을 기록하고, 그 작업에 들어가는 노력과 시간을 기록한다. 그런 다음에는 필요 없는 동작들을 제거한다. 육체작업을 관찰할 때마다 과거 가장 신성시하던 동작들 중 많은 것이 낭비이고 아무것도 기여하는 것이 없다는 게 드러났다. 그렇게 한 뒤 완제품을 만드는 데 필수적인 것으로 인정된 동작들 각각은 가장 단순하고 쉽고 최소의 육체적·정신적 긴장을 야기하는 방식으로, 가장 짧은 시간을 요구하는 방식이 되도록 조정된다. 그리고는 이런 행동들은 다시 논리적인 연속인 '직무'로 함께 묶는다. 마지막으로 행동을 하는 데 필요한 도구들을 다시 설계한다.

그것이 수천 년 동안 수행되어온 직무라 해도, 전통적 도구들이 그 직무수행에 전적으로 관련이 없다는 사실을 우리는 파악했다. 예를 들어 주물 공장에서 모래를 푸는 데 사용된 삽의 경우다. 이는 테일러가 연구한 최초의 과업이다. 그 당시에는 형태도 크기도 손잡이도 잘못되어 있었다.

테일러의 원칙은 분명한 것처럼 들렸지만, 그가 그것을 증명하는 데는 20여 년이나 걸렸다. 지난 수십 년 동안 끊임없는 발전적 변화, 수정과 세련화가 있었다. 방법론을 표현하는 이름도 또한 세월과 더불어 바뀌었다. 테일러는 자신의 방법을 '과업관리(task management)'로 불렀다. 20여 년 뒤 그것은 '과학적 관리법(scientific management)'으로 개명되었다. 그로부터 또 20여년 뒤 제1차 대전 후 미국과 일본에서는 '산업공학(industrial engineering)'으로, 독일에서는 '합리화(Rationalization)'로 알려지게 되었다.

테일러가 작업을 실질적으로 연구할 때 관찰한 것은, 헤시오드와 버질에서부터 리카도와 마르크스에 이르기까지, 시인과 경제학자가 말한 것과 현실은 다르다는 사실이었다. 그들 모두는 숙련을 찬양했다. 테일러는 육체작업에 숙련이 없음을 증명했다. 육체작업에는 단순하고 반복적인 동작들만 있을 뿐이다. 육체작업의 생산성을 올리는 것은 지식이고, 지식은 단순하고 미숙련된 동작을 통합하고 조직해 행동에 옮기게 하는 방법이다. 사실상 테일러는 지식을 작업에 적용한 최초의 사람이다.

가장 오래된 지식산업인 의사의 작업에 대해, 테일러와 거의 동시대 사람인 윌리엄 오슬러(William Osler, 1849~1919)는 테일러가 한 것과 꼭 같은 작업을 같은 시기에 했고, 그것을 1892년 〈의학의 원칙과 실제(The principle and practice of Medicine)〉라는 논문으로 발표했다. 이 책은 아마도 BC 3세기경 유클리드가 쓴 기하학 이후 최고의 교재가 아닐까 한다. 오슬러의 업적은 과학적 관리를 의학 진단에 적용시킨 것이라고 해도 과언이 아니다. 그리고 테일러와 마찬가지로, 오슬러는 '숙련'이란 것은 없고 오직 '방법(method)' 밖에 없다고 주장했다.

그러나 작업을 일련의 동작으로 규정한 테일러의 정의는 또한 육체작업을 스스로 하지 않는 사람들(옛날 옛적의 시인과 철학자의 후예로서 소위 인문주의자와 지식인들)로부터 테일러가 배척당한 이유를 대체로 설명해준다. 테일러는 노동의 낭만을 파괴했다. 고상한 숙련 대신 힘든 노동이나 단순한 동작의 연속이 되고 만 것이다.

하지만 테일러의 반대자들이 자신을 테일러와 다르다고 제 아무리 크게 떠든다고 해도, 지난 100여 년 동안 육체근로자의 생산성을 향상시키는데 조금이라도 성공한, 그리고 실질 임금을 향상시킨 대부분의 방법은 테일러의 원칙에 기초한 것이었다. 그 점은 직무확대와 직무충실화 그리고 직무순환에서도 마찬가지였다. 이 모든 것이 작업자의 피로를 줄이고 그 결과 근로자의 생산성을 향상시킨 테일러의 방법을 사용했다. 그 점은 테일러의 과업분석 원칙과 산업공학을 확대해, 포드의 조립공장이 육체작업 전체 프로세스에 적용한 것에서도 마찬가지다(포드의 조립공정은 테일러가 이미 병들고 늙어서 은퇴한 뒤인 1914년부터 개발되었다). 일본의 '품질분임조', '카이젠', '저스트 인 타임(Just in time)'에서도 마찬가지다.

그렇지만 역시 가장 가장 좋은 예는 에드워드 데밍(Edward Deming, 1900~1993)의 '전사적 품질관리(TQM)'이다. 데밍이 TQM을 효과적으로 만든 것은 테일러처럼 직무를 정확하게 분석하고 조직했기 때문이다. 1940년경 데밍은 테일러가 죽은 지 겨우 10년 뒤에 개발된 통계이론에 기초해 품질관리 개념을 추가했다. 1970년대에 들어서는 테일러의 스톱워치와 동작사진을 폐쇄회로 텔레비전과 컴퓨터 시뮬레이션으로 대체했다. 데밍 식의 품질관리사들(quality control analysts)은 테일러의 능률기사(efficiency engineer)와 닮은꼴이자 그림자일 뿐만 아니라 똑같은 방식으로 활동했다.

테일러의 접근 방법은 제조업체의 육체작업을 위해 디자인된 것이었고 그곳에서 처음으로 적용되었다. 그러나 그런 전통적인 한계에도 불구하고 테일러의 방법은 여전히 많은 분야에서 이용되고 있다. 특히 제조업이 경제 근간인 국가, 교육 수준이 낮고 젊은 인구를 많이 보유하고 있으며 앞으로도 인구가 증가할 '제3세계' 국가에서는 아직도 원칙으로 이용되고 있다.

세상에는 엄청난 양의 지식작업이 있다. 수준 높고 전적으로 이론인 지식을 필요로 하는 작업은 물론, 육체적 활동을 필요로 하는 경우도 있다. 그리고 이런 활동의 생산성을 높이는 데 역시 산업공학이 필요하다.

선진국의 중심적 도전은 (비록 그 방법을 잘 알고 있더라도) 더 이상 육체작업의 생산성을 높이는 것이 아니다. 그들의 도전은 지식근로자의 생산성 향상이다. 지식근로자들은 급속히 모든 선진국의 노동력 가운데 가장 규모가 큰 단일 집단이 되고 있다. 선진 경제의 미래 생존과 번영은 무엇보다도 지식근로자의 생산성에 점점 더 의존하게 될 것이다.

▌지식근로자의 생산성을 측정하는 6가지 요소

지식근로자의 생산성 측정과 관련해 우선 하나의 성공사례부터 소개하자. 미국 중서부 어느 도시에 25명의 정형외과 의사로 구성된 의료기관이 있었는데, 이들은 자신들을 하나의 '시스템'으로 조직하고는 최고 수준의 품질을 제공하는 의료활동을 하기로 했다. 수술실과 회복실의 한정되고 값비싼 자원들을 최적으로 활용하고, 마취사와 X선 기사 등과 같은 보조 지식근로자를 최적으로 활용하며, 의료기관 전체와 함께 일하는 사람들 모두에게 평생 학습과 지속적 혁신을 확립시키고 비용을 최소화하려고 노력했다.

이곳의 의사들은 자신의 수술에 대해서는 전적으로 자신이 수행했다. 자신이 맡은 환자를 입원시키고 치료하는 것에 전적으로 책임진다. 이들은 아침 일찍 외과수술 계획을 짰다. 그러므로 수술실과 회복실은 다른 시간에는 거의 비어 있었다. 현재 이 의료기관은 수술실과 회복실 사용 계획을 전체 의료기관의 상황에 맞추어 짜기 때문에, 희소하고 값비싼 수술실과 회복실 자원이 하루 10시간 가동되고 있다.

이곳은 진정으로 팀처럼 움직이고, 가장 낮은 비용으로 가장 높은 품질을 제공할 수 있도록 도구와 설비 표준화를 결정했다. 또한 품질 관리를 시스템 속에 포함시켰다. 매 3개월마다 3명의 의사들이 각각의 의사들에 의해 수행된 모든 수술을 정밀하게 검사하도록 지명했다. 그들은 진단, 수술, 수술 후 처리 등을 검사했다. 그런 다음 그들은 수술을 한 개별 의사와 마주 앉아 그것에 대해 논의했다. 그리고 개선할 부분이 어딘지 찾아냈다.

의사의 수술이 만족스럽지 못한 경우에는 의료기관에서 떠나줄 것을 요청했다. 매년 이 의료기관의 감독위원회가 결정하는 품질 기준은 의료기관 전체가 참가한 가운데 논의되고, 품질 기준을 때로는 매우 높은 수준으로 올리기도 한다. 그 결과 이곳은 과거보다 거의 4배나 더 많은 일을 한다. 비용도 50퍼센트나 줄였는데, 수술실과 회복실의 낭비를 제거하고 도구와 설비를 표준화한 덕분이었다. 무릎이나 어깨관절 대체 수술이나 운동 중 입은 타박상의 회복 등과 같이 성공률 측정이 가능한 분야에서는 특히 엄청난 성과를 올렸다.

앞의 지식작업의 사례에서 보는 바와 같이 지식근로자의 생산성을 높이기 위해서는 다음과 같은 요소를 고려해야 한다.

첫째, 지식근로자 생산성을 향상하기 위해서는 먼저 다음과 같이 질문해야 한다.

"과업이 무엇인가?"

육체근로자의 생산성을 향상하기 위해서는 과업을 잘 수행하는 '방법'이 중요했지만, 지식근로자의 생산성을 향상하기 위해서는 과업의 '결정' 그 자체가 중요하다.

둘째, 지식근로자 생산성 향상에 대한 책임을 개별 지식근로자에게 부과하도록 요구한다. 지식근로자는 자신을 스스로 관리해야 한다. 그들은 자율성을 가져야 하고 또한 책임을 져야 한다.

셋째, 지속적인 혁신은 지식근로자의 작업과 과업과 책임의 한 부분이어야 한다. 육체작업의 경우, 계획·지시·감독하는 사람과 실제로 작업하는 사람은 구분되어 있기 때문에 육체근로자는 (시킨 대로 하면 될 뿐) 실질적인 혁신에 대한 책임을 지지 않았다.

넷째, 지식작업은 지속적인 배움과 지속적인 가르침을 지식근로자의 한 속성으로 포함해야 한다.

다섯째, 지식근로자의 생산성은 산출량뿐 아니라 품질에서도 똑같이 중요하다.

여섯째, 지식근로자 생산성을 향상시키기 위해서는 지식근로자를 비용이 아니라 '자산'으로 인식하고, 확보·유지·보상해야 한다.

이런 요소(여섯째 것은 예외)들은 육체근로자의 생산성을 증가시키는 데 필요한 것과는 거의 정반대다

지식근로자의 생산성을 향상하려면 무엇을 해야 하는지에 대해서는 많이 알려져 있다. 어떻게 하는지에 대해서도 마찬가지다. 그렇다면 어떻게 시작해야 하는가?

첫째, 수용 가능한 한 분야를 찾는다. 지식근로자의 생산성을 향상하기 위해서는 기본적인 태도의 변화를 필요로 한다. 이 점은 육체근로자를 더욱 생산성 있게 하기 위해서 육체근로자에게 과업을 수행하는 방법만 가르쳐주면 되는 것과는 상당히 다르다. 그리고 지식근로자의 생산성을 높이는 데 필요한 태도의 변화는 개별 지식근로자 쪽에서 뿐만 아니라 조직 전체도 태도를 바꾸어야 한다. 그러므로 그것은 '탐색적'이지 않을 수 없다. 그 점은 어떤 주요한 변화도 마찬가지다.

따라서 첫 번째 단계는 조직 또는 일단의 지식근로자들 가운데 수용 가능성이 있는 한 분야를 찾는 것이다. 예를 들면 앞서 말한 의료기관은 오래 전부터 근본적 변화를 부르짖은 4명의 의사들에게 그들의 아이디어를 먼저 실행토록 의뢰했다.

그런 뒤 범위가 좁은 영역에서 소규모 집단은 일관성 있게 인내심을 가지고 비교적 오랜 기간 동안 중단하지 않고 연구했다. 왜냐하면 첫 번째 시도하는 것들은 (비록 대환영 받을 일이라 해도) 거의 틀림없이 모든 종류의 예상치 못한 문제점에 부딪히기 때문이다. 새로운 작업 방법을 조직 전체에 대해서는 아니더라도 더 넓은 영역에 적용하는 것은 소규모 지식근로자 집단의 생산성이 실질적으로 향상된 것을 확인한 이후라야 한다. 그리고 그때쯤이면 의사들은 또한 주요한 문제점들도 알게 되었을 것이다. 어디에서 저항이 예상(예컨대 중간관리자 층에서)되는지, 새로운 작업이 완전히 효과를 내려면 과업과 조직, 측정과 태도에 어떤 변화가 필요한지 등을 알게 된다. 탐색활동을 적절히 하게 되면 지식근로자 생산성을 한층 더 극적으로 개선할 수 있다.

둘째, 리엔지니어링(reengineering) 개념을 응용해야 한다. 지식작업의 문제를 해결하는 데 필요한 두 번째 요구사항은 지식근로자를 어떤 과업에 집중시키고 나머지 불필요한 모든 것은 제거(과학적 관리에서 불필요한 동작을 제거하는 것처럼)할 수 있도록 하기 위해 해야 할 과업이 무엇인지를 찾아내는 것이다. 그런 다음 마이클 해머(Michael Hammer, 1948~2008)의 주장과 같이 작업 프로세스 가운데 불필요한 프로세스와 조직과 동작 등을 "자동화할 것이 아니라 제거"해야 한다. 그러므로 지식근로자 생산성에 관한 연구는 지식근로자 스스로에게, "무엇이 당신의 과업인가? 당신이 기여해야 하는 것은 무엇인가?"라고 질문하고 답을 들은 뒤 "당신의 과업을 수행하는데 방해가 되는 것과 제거해야 할 것은 무엇인가?"라고 다시 질문해야 한다.

셋째, 지식근로자를 자본적 재산으로서 확보하고 활용하며 개발한다. 육체근로자 생산성과 지식근로자 생산성 사이의 차이점 중에서 각자 자신에 대해 갖고 있는 관점보다 더 큰 차이가 나는 것은 없다. 경제이론과 대부분의 기업실무는 육체근로자를 '비용(cost)'으로 간주한다. 하지만 지식근로자의 생산성을 올리려면 그들을 '자본적 재산(capital asset, 사전적 의미로는 일반적인 재산과 달리 정상적인 기업활동으로는 살 수도 팔수도 없는 장기적 재산)'으로 간주해야 한다.

비용은 통제되어야 하고 절감될 필요가 있다. 반면 재산은 증가하도록 만들 필요가 있다. 거의 전적으로 육체작업뿐인 시대에서는(이직 비용을 제외하면) 작업에 투입된 근로자들에 대한 인사관리원칙은, 매우 숙련된 사람들만 제외하고, 거의 예외 없이 육체근로자는 서로 차이가 없다고 가정하고 있다. 그러나 지식작업과 지식근로자의 경우에는 절대로 그렇지 않다.

▌지식작업과 품질

육체작업에서도 품질은 물론 중요하다. 그러나 육체작업에서 품질의 부족(또는 미달)은 제약요인이다. 어떤 최소 수준의 품질 기준은 있어야 한다. TQM은 그런 최소 기준 아래로 떨어지는 제품을 골라내는 능력(비록 완전히 골라내는 것은 아니지만)이라고 할 수 있다.

하지만 지식작업에서 품질은 (산업사회의 육체작업과는 달리) 최소 기준도 아니고 제약요인도 아니다. 지식사회에서 품질은 산출의 핵심이다. 예를 들어 연구의 성과를 판단하는 데는 "연구원이 연구한 시간은 몇 시간인가(양적인 기준)"가 아니라, "연구원이 무엇을 연구했는가(질적 기준)"를 묻는다. 그러므로 지식작업의 생산성은 먼저 품질의 획득을 겨냥하지 않으면 안 된다. 그리고 최소 필요 수준의 품질이 아니라, (최고 품질은 아니라 해도) 적절한 수준의 품질을 겨냥해야 한다. 그런 뒤에 다음과 같은 질문을 할 수 있다.

"산출량, 즉 작업의 양은 어느 정도인가?"

이는 지식근로자의 생산성을 올리는 과업의 출발점은 작업의 양이 아니라 작업의 품질로부터 출발한다는 것만을 의미한다. 이것은 또한 품질 그 자체가 무엇인지 규정해야 한다는 것을 뜻한다. 예를 들면 미국의 전형적인 공립학교는 자신의 과업을 "경제적으로 수준이 낮은 사람들을 돕는 것"으로 규정했고, 전형적인 기독교계 학교, 특히 가톨릭교회 교구산하의 학교는 그들의 과업을 "배우기를 원하는 사람들에게 배울 수 있도록 하는 것"으로 규정했다. 다시 말해 전자는 학문적 실패를 바탕으로, 후자는 학문적 성공을 바탕으로 운영되었다. 당연히 전자는 성과를 거두지 못하고 있는 반면, 후자는 큰 성과를 거두고 있다.

따라서 (지식작업의 사례에서 매년 품질 기준을 상향 조정하는 것과 같이) 지식작업의 품질에 대해 정의를 내리는 것 그 자체가 지식작업을 규정하는 문제다. 지식근로자는 자기 스스로 작업해야 한다. 그를 감독하는 사람은 없다. 그러므로 그는 품질을 규정해야 하고 그것을 제공해야 한다. 지식근로자의 생산성은 "지식근로자의 투입량과 그로써 산출된 남다른 품질수준의 산출량의 비율"로 정의할 수 있고 다음과 같이 측정할 수 있다.

$$\text{지식근로자의 생산성} = \frac{\text{산출물의 품질과 수량}}{\text{지식근로자의 투입}}$$

$$= \frac{\text{산출물의 품질과 수량}}{\text{지식의 투입과 응용}}$$

▌지식근로자의 개발과 유지 그리고 탈학습

육체작업을 하는 종업원들은 생산수단을 보유하고 있지 않다. 육체근로자들은 종종 (실제로 그렇듯이) 값진 경험을 많이 축적하고 있을 수도 있다. 그러나 그런 경험은 오직 그들이 작업을 하는 장소에서만 값진 것이다. 그것은 휴대가 불가능하다(달리 표현하면 육체근로자는 거대한 기계들로 구성된 공장을 떠나 재택근무가 거의 불가능하다).

그러나 지식근로자는 생산수단을 보유하고 있다. 그들의 뇌에 축적되어 있는 지식은 전적으로 휴대할 수 있는 것일 뿐만 아니라 엄청난 자본적 재산이다. 지식근로자는 생산수단을 보유하고 있기 때문에 이동성이 높다.

경영자의 임무는 자신이 일하고 있는 기관(기업)의 재산을 보전하는 것이다. 그렇다면 개별 지식근로자의 지식이 재산으로 인식되는 경우에 경영자의 임무는 무엇인가? 그리고 점점 더 그렇게 될 테지만, 지식이 어떤 기관의 주요 재산이 되는 경우에 그것은 무엇을 의미하는가? 그것은 인적자원관리 정책이라는 점에서는 무엇을 의미하는가? 최고로 생산성이 높은 지식근로자를 유인하고 보유하려면 무엇이 필요한가?

육체작업의 생산성에도 '국적'은 없다. 과학적 관리에 기초한 훈련은 모든 국가들로 하여금 하룻밤 만에 육체근로자 생산성을 가장 선진국 수준의 산업 또는 기업 수준으로 달성할 수 있도록 했다. 따라서 선진국들은 오직 지식근로자의 교육 분야에서만 여전히 의미 있는 경쟁적 우위를 앞으로도 상당 기간 누릴 수 있을 것이다. 교육은 지식근로자로서 갖춰야 할 지식을 갖게 하고 책임을 지게 하며 생산성을 올리도록 하는 것이어야 한다.

지난 100년 동안 세계의 지도자로 등장한 국가와 기업들은 곧 육체근로자의 생산성을 향상시킨 국가와 기업들이었다. 미국이 처음으로, 일본과 독일이 뒤를 이어 그랬다. 지금부터 50년 뒤 세계 경제의 주도권은 지식근로자의 생산성을 가장 체계적이고 성공적으로 향상시킨 국가와 기업에 넘어갈 것이다.

지식근로자 개개인의 자기계발에 대한 책임 그리고 일자리 결정에 대한 책임은, 단언컨대 앞으로 지식근로자 각자가 져야 할 것이다. 개인은 틀림없이 다음과 같은 질문을 해야 할 것이다.

"나는 지금 어떤 종류의 과업을 맡기를 바라는가?"

"나는 어떤 종류의 과업을 맡을 자격이 있는가?"

"나는 어떤 종류의 경험과 지식과 기술을 습득할 필요가 있는가?"

이에 대한 결정은 물론 개인이 혼자 내릴 수 있는 성질의 것은 아니다. 이것은 조직의 관점에서 깊이 검토되어야 한다. 또한 개인의 강점과 역량 그리고 업적에 대한 객관적 평가를 기초로 결정해야 한다.

지식근로자의 책임은 본인이 스스로 해결해야 하는 자기계발 책임이다. 어디서 일을 할지 결정하는 책임도 스스로 부담하지 않으면 안된다. 그렇지 않으면 앞으로 우리가 예상할 수 있는 긴 근로수명 동안 지식근로자가 계속적으로 목표를 달성하는 사람, 생산적인 사람, 성장 능력이 있는 사람이 될 수 없을 것이다.

기업이 지식근로자에게 요구해야 할 것들도 있다. 지식근로자로 하여금 변화를 기꺼이 받아들이도록 하는 것이다. 혁신은 기업의 필수적 기능이다. 혁신은 기업의 주요한 사회적 책임들 가운데 하나다. 그러나 혁신은 지식근로자들이 그들의 작업과 습관, 집단관계를 바꾸기를 요구한다. 인간은 놀라울 정도로 빨리 배울 수 있지만, 탈학습 능력(unlearning capacity, 기존의 지식과 경험을 잊어버리거나 버리는 능력)은 훨씬 뒤떨어진다. 오늘날 우리는 학습 능력이 늙어가면서 감소하는 게 아니라는 사실을 알고 있다. 그러나 배우면 배울수록 점점 더 어려운 것은 기존의 지식을 버리는 일이다. 달리 말해 인간이 배운 것을 쉽게 잊어버리지 못하도록 하는 장애물은 나이라기보다는

경험이고, 경험을 하면 할수록 새로운 것들을 쉽게 혹은 빠르게 배울
수 없게 된다.

이 문제를 해결하기 위한 유일한 방법은 버리는 능력(폐기 능력, 창
조적 파괴 능력) 자체를 인간의 학습의 한 부분으로 만드는 것이다. 그
렇게 하려면 인간은 단지 경험만을 통해서가 아니라 지식을 획득함
으로써도 배워야 한다. 그것은 '훈련' 프로그램 대신 '교육' 프로그
램을 필요로 한다. 오늘날 전형적인 프로그램들 중 많은 것들이 인간
을 유연하게 만드는 게 아니라 경직되게 만들고, 사물을 이해하도록
만드는 게 아니라 요령만 배우도록 만든다. 그리고 지식근로자들이
'버리는 능력(ability to unlearn)'과 '배우는 능력(ability to learn)'을 향
상하기 위해 훈련받을 필요성은 지식근로자의 기술과 지식수준이 높
아지면서 점점 더 커질 것이다.

변화는 지적 프로세스일 뿐 아니라 심리적 프로세스이기도 하다.
많은 심리학자들이 단정하는, 인간 본성은 변화를 거부한다는 것은
진실이 아니다. 반대로 새로운 것에 대해 인간보다 더 욕심을 내는
것도 천지사방에는 없다. 그러나 변화에 대해 인간이 심리적으로 준
비하려면 몇 가지 조건들이 충족되어야 한다.

첫째, 그 변화가 인간에게 합리적인 것으로 보여야 한다. 인간은 심
지어 자신이 추진한 가장 비합리적이고 가장 모순된 변화마저도 스
스로는 항상 합리적이라고 생각한다.

둘째, 변화는 개선으로 보여야 한다. 그리고 변화는 인간이 편안하
게 느끼고 있는 심리적 표식들, 예컨대 자신이 하고 있는 일에 대한
이해, 동료 작업자들과의 관계, 기술을 보는 관점, 특정 직무수행에

대한 자부심과 사회적 인정 등을 제거해야 할 정도로 너무 빠르거나 충격적이어서는 안 된다. 어떤 변화가 인간의 심리적 안정감을 분명하고도 눈에 띄게 강화하는 게 아니면 그 변화는 저항에 부딪히게 될 것이다.

셋째, 인간은 죽음을 면치 못하는 존재이고, 연약하고도 한계를 가진 동물이며, 안전이 항상 보장되어 있지 못하다. 따라서 기업이 지식근로자에게 변화 능력을 요구하려면 지식근로자가 변화에 적응할 수 있도록 적극적인 행동을 취해야 한다.

▌지식근로자의 6가지 사회적 책임

이 시점에서 우리는 지식근로자와 경영자는 사회의 지도층 가운데 하나라는 점 때문에 져야 할 책임 문제를 제기할 수 있다. 즉, 기업 그 자체에 삶을 의지하고 있는 사람들에 대한 책임 이외의 책임에 대해서 말이다.

오늘날 경영자나 지식근로자의 사회적 책임과 관련한 논의는 (최소한 미국에서는) 경영자를 사회의 지도적 인사로 취급하면서 시작되었다. 그러나 경영자의 사회적 책임 문제는 하나의 사회적 기관인 "기업에 대한 경영자의 책임이 무엇인가" 하는 것으로부터 시작하는 게 한층 더 적당하다. 이 책임은 타협할 수 있거나 회피할 수 있는 것이 아니다. 왜냐하면 기업이란 경영자가 맡고 있는 구체적인 신탁자산이며, 다른 모든 것은 이 신탁관계로부터 출발하기 때문이다.

기업의 대변인이 이런 종류의 새로운 사회적 책임에 대해 언급하지 않고 그냥 지나가는 날은 단 하루도 없다. 우리는 다음과 같은 말을 항상 듣고 있다. 경영자는 인문대학의 존속, 근로자들에 대한 경제교육, 종교적 관용, 언론의 자유, UN의 강화 또는 철폐, 문화의 보존, 특히 각종 예술 분야를 증진하는 데 스스로 협조할 의무가 있다고 말이다.

사회의 지도층이 무거운 책임을 부담해야 한다는 데는 의문의 여지가 없다. 그리고 그런 책임을 회피하는 것보다도 더 파괴적인 것도 없다. 하지만 또한 책임을 질 처지에 있지 않은 사람들에게 책임을 지우는 것보다도 더 파괴적인 것도 없으며, 다른 사람의 책임을 대신 떠맡는 것보다도 더 위험한 것도 없다.

오늘날 지식근로자는 이 모두를 다 하는 경향이 있다. 한편으로 지식근로자는 기존의 책임을 다하지 못하고 있으며, 다른 한편으로 지식근로자는 존재하지도 않고 존재할 수도 없는 책임을 맡아 수행하고 있다. 둘 다 잘못이다. 왜냐하면 '책임'을 논하는 사람은 누구라도 그 이면에 '권한'을 인정하고 있기 때문이다. 책임과 권한은 어느 한쪽이 존재하지 않으면 존재할 수 없다. 따라서 한 특정 분야에 지식근로자가 책임을 져야 한다고 단언하려면, 문제가 되는 그 분야에 대해 지식근로자가 권한을 가져야 한다. 자유사회의 지식근로자가 대학에 대해, 문화와 예술에 대해, 언론의 자유에 대해, 외교정책에 대해 권한을 가져야 한다고 믿을 어떤 이유라도 있는가? 문제를 제기한다는 것은 그것에 해답을 찾으려고 시도한다는 의미다. 요컨대 그런 권한은 용인될 수 없다. 종업원들을 위해 해마다 가는 야유회의 인사말에서 오래된 관습으로 언급하는 감동적인 여담에서마저도 그런 것들은 언급하지 말아야 한다. 그러므로 사회의 한 지도층으로서 지식근로자가 수행하는 사회적 책임은 지식근로자가 합법적으로 권한을 요구할 수 있는 분야에만 한정되어야 한다.

일종의 '경험 법칙'으로 노동조합 지도자나 정부 관료가 나서는 것을 원치 않는 활동에 대해서 경영자나 지식근로자가 책임이 있다거나 책임을 떠맡는 것은 절대로 피해야 한다. 그런 활동들은 자유의 영역에 속하는 것, 다시 말해 자발적이고 지역적이고 시민들의 다양한 관심의 결과로 조직되는 것이지, 한 특정 사회집단 또는 정부기관이 나서야 하는 것이 아니다. 그런 활동은 기업의 경영자나 노동조합의 지도자에게 맡기는 대신 사회가 전적으로 책임을 지게 된다고 가정하는 게 합리적일 것이다. 사회는 그런 분야의 활동들이 통제되지 않고 있는 사실에 대해 분명하고도 손쉬운 방법을 요구하게 될 것이다. 지역의 모든 사람들의 대표자로서 그 일을 담당할 정부기관을 만드는 것 말이다.

책임과 권한을 동전의 양면이라는 사실에 기초해 추론하면, 경영자의 어떤 특별한 역량 때문에 획득한 권한이 있다면 그와 관련해서는 사회에 대해 책임을 져야 한다는 주장 또한 할 수 있다. 경영자의 탁월한 역량 덕분에 권한을 가진 부분이 있다면, 그래서 경영자가 책임을 져야 할 부분이 있다면, 그 책임은 기본적으로 공익을 증진하기 위해 수행되어야 한다.

현대 사회에서 경영자의 책임은 기업 그 자체와 경영자의 공적 지위, 경영자의 성공과 사회적 위상을 위해서 중요할 뿐만 아니라, 현대 경제와 사회제도의 미래, 그리고 자율적 기관으로서 기업의 생존을 위해서 결정적으로 중요하다. 그러므로 경영자의 사회적 책임은 경영자의 모든 행동의 기초가 되어야 한다. 기본적으로 경영자의 사회적 책임이란 경영자가 윤리적으로 행동해야 한다는 것을 뜻하는 것이다. 경영자(지식근로자)가 사회여론과 공공정책, 법률과 관련해 기업에 대해 부담해야 할 책임은 다음과 같다.

첫째, 사회가 기업에게 부담 지워주는 (혹은 가까운 장래에 안겨줄) 그런 요구사항의 달성이 기업의 목표달성에 영향을 끼칠 수도 있다는 점을 인식하는 것이다. 사회가 기업에 부담 지워주는 요구사항들을 기업의 행동자유권을 위협하는 조치들이라거나 규제조항들로 인식할 게 아니라, 기업이 건전한 성장을 하기 위한 기회로 삼고, 적어도 기업으로서 가장 적은 피해를 보면서 그것들을 만족시키는 방법을 찾는 것이 경영자의 책무다.

둘째, 경영자는 적절한 소득보장과 고용안전이라는 관점에서 근로자에게 중산층 지위를 부여해야 할 필요가 있다. 물론 그런 요구의 뒷면에는 1930년대 이후 잠재적으로 느끼고 있는 '공황심리'가 뿌리 깊게 깔려 있다. 드러커는 그런 요구가 기업의 가치를 높이고 한층 더 강화함으로써, 기업의 생산성을 향상함으로써, 기업의 전반적인 이익을 제고함으로써 충족될 수 있을 것이라는 점을 증명하기 위해 노력했다. 그러나 만약 경영자들이 기업의 생산성을 향상해야 하는 당연한 책임을 받아들이기 거부한다면, 기껏 그들이 하는 일이라고는 기업으로부터 보장된 연봉만 꼬박꼬박 챙기는 것으로 그치고 말 것이다. 이것은 엄청난 낭비일 뿐만 아니라 사회가 진정 필요로 하는 관심사를 해결하는 가장 비효과적인 방법이다.

셋째, 경영자는 현재 수행 중인 경영활동과 기업 의사결정이 앞으

로 기업의 존립과 자유, 기업의 경제적 성공에 위협을 가할 수 있는
대중적인 여론이 일어나지 않도록 하고, 그런 요구와 정책의 필요성
이 제기되지 않도록 확실히 해둘 책임이 있다. 만약 정리해고 결정이
시장의 쇠퇴와 불경기 때문이라면 그것은 어쩔 수 없다. 그러나 경영
자가 일방적으로 그렇게 결정했다면 문제는 달라진다. 따라서 새로
운 공장을 건설할 때는 그 공장만의 고유한 시장과 고유한 제품이 존
재하는 곳이어야 하며, 동일한 시장을 겨냥해 동일한 제품으로 단지
지역만 다른 곳에 진출하지 않도록 하는 것이 경영자가 수행해야 할
주요 책임이다. 그렇지 않으면 공장의 증설은 경영자와 지역사회 사
이에, 기업의 필요와 공공정책 사이에 충돌을 야기하게 된다.

넷째, 대중의 여론을 환기시키게 되거나 반기업 정책을 유발할 수
있는 기업관행들을 면밀히 검토하고, 그 결과가 대중의 복지에 어떤
영향을 끼칠지 심사숙고해야 한다. 예컨대 대졸 출신들만 승진시킴
으로써, 학력은 낮지만 회사에 오래도록 기여했던 직원들의 승진 기
회를 막아버린다든지, 현장 직원들의 승진 기회를 축소해 그들의 성
장을 막아버린다든지, 고령자나 장애자들을 고용하지 않는 정책을
채택한다든지 하는 것 등이다.

간단히 말해 경영자는 경영정책을 채택하거나 의사결정을 할 때는
언제라도 다음과 같은 질문을 해야 한다.

"동종업계 다른 회사들이 모두 같은 행동을 할 경우 대중의 여론은
어떻게 돌아갈까? 그 경우 대중에게 미치는 영향은 무엇인가?"

이런 질문은 대기업에만 해당되는 것은 아니다. 전체적으로 보면
소규모 기업과 그 경영자도 대중의 여론과 정부정책에 마찬가지로

영향을 미친다. 따라서 기업의 규모와 관계없이 모든 기업들이 만약 자사가 가기 쉬운 길만 따르고 이런 문제들은 다른 기업들에 맡겨두면, 그것은 결과적으로 정부가 나서지 않을 수 없도록 하는 길이라는 사실을 명심해야 한다.

다섯째, 오늘의 경영자는 내일의 경영자들에게, 그들이 사회적 책임을 외면하면 사회자원이 남용될 것이고 사회가 가진 부(富)의 생산능력을 상실해 궁극적으로 파괴되고 만다는 사실을 가르쳐주어야 한다. 경영자는 우리의 사회적 신념과 응집력을 훼손하지 않으면서 기업을 운영할 책임이 있다. 자유사회의 한 시민은 여러 기관들에 소속되어 있는, 그것도 충성스러운 구성원이다. 그리고 누구도 자신만이 그 기관에 소속된 사람이라고 주장할 수 없다. 이런 식의 다원주의 개념이야말로 다원주의의 강점이자 우리가 자유를 누리는 기초다. 만약 기업이 이런 개념을 망각한다면 사회는 스스로 절대적인 힘을 가진 기관, 즉 강력한 국가를 만들회는 스스을 보복하게 될 것이다.

여섯째, 경영자의 사회적 책임이 필요하다고 단정할 수 있는 몇 가지 다른 분야들도 있다. 예컨대 경기순환 과정에 발생하는 극단적인 상황을 완화해주는 역할을 하는 자본지출 계획을 수립하는 것은 대기업의 경영자가 수행해야 하는 책임이다(이 정책은 자동화 시설을 도입하는 것과 더불어 기업으로서 필수적인 사항이다). 이익에 대한 뿌리 깊은 반감이 경제와 사회제도를 위협하는 요소라는 단순한 이유만으로도, 이것을 극복할 수 있는 정책을 개발하는 것은 경영자의 책임이라고 생각한다. 현재의 세계 상황으로 볼 때 어떤 기업도 자국의 국방역량을 강화하는 데 최대로 공헌할 책임이 있다. 그러나 무엇보다도 중요한 것은 경영자가 기업의 모든 정책과 활동이 사회에 미치는 영향이 무엇인지를 미리 검토하지 않으면 안 된다는 사실을 인식하는 것이다.

PART III

지식근로자의
제2 경력

역사상 처음으로 개인들이 조직보다 더 오래 사는 것을 기대할 수 있게 되었다. 그
것은 전적으로 새로운 도전을 창조하고 있다. "인생의 후반부에는 무엇을 할 것인
가?" 하는 도전 말이다.

chapter 13

지식근로자의 후반부 인생

▌인생의 후반부에는 무엇을 할 것인가

역사상 처음으로 개인들이 조직보다 더 오래 사는 것을 기대할 수 있게 되었다. 그것은 전적으로 새로운 도전을 창조하고 있다. "인생의 후반부에는 무엇을 할 것인가?" 하는 도전 말이다.

자기가 30세에 근무하기 시작한 조직이 그의 나이 60이 될 무렵에도 여전히 존속할 것이라고는 더 이상 기대할 수 없게 되었다. 뿐만 아니라 40년 또는 50년 동안 같은 종류의 일만 한다는 것은 대부분의 사람들에게 너무나 긴 기간이다. 그때쯤이면 일이 손에 잡히지 않게 되고, 싫증이 나며, 하는 일에 흥미가 사라지고, 그들 스스로 짐스럽게 여기게 되며, 주위의 모든 사람들에게 부담이 되고 만다.

오늘날 최고경영자의 '중년 위기(mid-life crisis)'에 대해 말들이 많다. 그것은 대부분 권태의 결과다. 50세가량이 되면 대부분의 최고경영자들은 그들의 기업경력상 정상에 도달하고 자신들도 그것을 알고 있다. 같은 종류의 일을 20년이나 했기 때문에 당연히 자신의 일에 능숙하다.

그러나 그들은 다른 것은 아무것도 더 이상 배우지 않고 있다. 어떤 것에도 더 이상 기여하지 않고 있다. 그리고 그들은 자신의 직무가 또 다시 도전의 대상이 되거나 만족의 대상이 될 것으로 기대하지 않는다.

하지만 최고로 위대한 예술가들과 같은 최상의 성취인들에게 그것이 필연적인 진실은 아니다. 위대한 인상주의 화가 클로드 모네(Claude Monet, 1840~1926)는 80세에도 여전히 명작을 그렸는데, 그는 하루에 12시간 일했고 심지어 시력을 거의 다 잃었을 때까지 그렸다.

인상주의 이후 최고의 화가라고 할 수 있는 파블로 피카소(Pablo Picasso, 1881~1973)도 마찬가지로 90세가 넘어 죽을 때까지 그림을 그렸다. 게다가 피카소는 70대에 '입체파'라는 새로운 형식의 유파를 개척했다.

20세기 최고의 연주자인 파블로 카잘스(Pablo Casals, 1876~1973)는 97세로 죽는 그날에도 새로운 곡을 연주할 계획을 세웠고 연습했다. 현대 물리학의 거장 막스 프랑크(Max Planck, 1858~1947)는 40대 이후에는 중요한 과학적 업적을 남기지 못했다. 그러나 프랑크는 그 후 2가지 다른 경력을 보탰다. 1918년 60세 이후부터 그는 독일의 과학계를 재편했다. 1933년 나치로부터 강제로 은퇴를 당했으나, 거의 90세가 다된 1945년 경 히틀러가 몰락한 뒤 그는 독일의 과학을 또 한 번 재편했다. 그러나 이런 사례들은 위대한 성취인들 가운데서도 드문 예에 속한다.

▌멋진 소멸을 위하여

40여 년 동안 일한 육체근로자는, 예를 들어 제철 회사의 근로자나 자동차 운전기사 등은 정상적인 기대수명이 다하기 훨씬 전에, 다시 말해 전통적인 은퇴연령이 되기도 전에 육체적·정신적으로 녹초가 되고 만다. 그들은 끝난 것이다. 만약 그들이 생존한다면 10년에서 15년 동안 아무것도 하지 않고 꽤 행복하게 살 것이다. 골프와 낚시도 즐기고 이런저런 취미생활도 하면서 말이다.

그러나 지식근로자는 끝나지 못한다. 지식근로자들은 비록 모든 종류의 사소한 불평을 하기는 하지만, 그들은 완전하게 제 할 일을 할 수 있다. 게다가 지식근로자가 30세 일 무렵 그렇게도 도전적이었던 그 최초의 과업은 50세쯤 되면 죽을 맛이 날 정도로 지겹게 느껴지고 만다. 20년은 아니더라도 15년가량 더 일할 수 있는데도 말이다.

21세기를 사는 개인들은 길을 잃었다. 그리고 앞길을 밝혀줄 등대도 없다. 조직의 수명은 단축되고 개인의 수명은 100세를 바라보는 경우의 삶이 어땠는지에 대해 역사가 가르쳐 줄 게 없기 때문이다. "나이는 숫자에 불과하다"라는 말은 그야말로 공허한 담론이고, "사람은 호기심을 잃을 때부터 늙기 시작한다"는 말 역시 위로를 받기 위한 진부한 수사(修辭)다. 오래 산 성취인들의 이야기는 그래서 필요하고, 그들의 이야기는 멋진 소멸(消滅)을 준비하는 21세기 개인을 위한 거울이 될 것이다.

▌더 늦기 전에 계획하는 후반부 인생

인생의 후반부를 관리하는 데는 전제 조건이 하나 있다. 다름 아닌 인생의 후반부로 접어들기 훨씬 전에 그것을 준비해야 한다는 것이다.

근로수명이 빠른 속도로 늘어나고 있다는 사실이 처음으로 분명해진 30여 년 전, 당시 미국의 많은 관측자들은 은퇴자들이 비영리기관을 위한 자원봉사자가 될 것으로 확신했다. 하지만 그런 일은 일어나지 않았다. 만약 어떤 사람이 40세 전후에 자원봉사자로서 경험을 쌓기 시작하지 않으면, 단언컨대 60세 이후 그는 자원봉사 활동을 전혀 하지 못할 것이다.

걸스카우트, 적십자, 지역 교회 등 미국의 비영리 조직들(Nonprofit Organization, NPO)이 미국 경영계의 지도자가 되고 있다. 2개의 분야, 즉 전략과 이사회의 효과적 운영이라는 관점에서 이들 비영리 조직이나 단체들은 대부분의 미국 기업들이 단지 말로만 떠들어대는 것을 실제로 실천하고 있다. 그리고 가장 중요한 분야인 지식근로자의 동기부여와 생산성 향상에서 이들은 선구자 역할을 하고 있으며, 기업이 조만간 배워야 하는 정책과 관행을 만들고 있다.

비영리 부문이 미국에서 단연코 가장 큰 고용기관이라는 사실을 아는 사람은 거의 없다. 미국의 성인 2명 중 1명, 다시 말해 8,000만 명 이상이 매주 평균 약 5시간씩 하나 또는 여러 개의 비영리 단체에서 자원봉사자로 일하고 있다. 이것은 상근고용자 1,000만 명에 해당한다. 자원봉사자들에게 보수를 지급한다고 가정하면, 그들의 임금은 최저임금으로 계산하더라도 대략 1,500억 달러에 이르고, GNP 대비 5퍼센트를 차지한다. 그리고 자원봉사자들이 하는 업무의 내용은 급속히 변하고 있다.

분명 많은 자원봉사자들이 하고 있는 업무는 기술이나 판단력을 거의 필요로 하지 않는다. 예를 들어 매년 하루씩 어느 토요일 오후 불우이웃을 돕기 위한 모금활동에 참가한다거나, 집집마다 걸스카우트 과자(Girl Scout cookies)를 판매하는 아이들을 따라다니며 도와주거나, 노인들을 병원에 태워다주는 일 말이다. 그러나 차츰 자원봉사자들은 해당 단체에서 전문적인 일을 하거나 관리직 업무를 맡아 처리하는 '무보수 스태프(unpaid staff)'가 되고 있다.

물론 모든 비영리 단체들이 잘 운영되고 있는 것은 아니다. 지역사회의 많은 병원들이 심각한 경영난에 빠져 있다. 전통 있는 가톨릭교회도 유대교회도 개신교회도 신도의 숫자가 점점 더 줄어들고 있다. 비영리 부문은 그들이 모금한 돈(인플레를 감안하면)으로 보나 자원봉사자들의 숫자로 보나 지난 10년에서 15년 사이에 규모가 확대되지는 않았다. 그러나 생산성이라는 측면, 즉 그들이 하는 업무의 범위와 미국 사회에 대한 공헌이라는 관점에서 비영리 부문은 지난 20년 동안 괄목한 만한 성장을 이룩했다.

'구세군(Salvation Army)'이 대표적인 예다. 초범으로 플로리다 주에서 실형을 선고받은, 대부분 무척 가난한 흑인 또는 스페인계의 젊은 범죄자들이 구세군의 보호관찰 아래 집행유예를 받고 있는데, 해마다 그 숫자가 2만 5,000명에 이른다. 통계에 따르면 만약 이 젊은 남녀 범죄자들이 실제로 감옥에 갔다면 그들 대부분은 상습범이 되었을 것으로 추정된다. 그러나 구세군은 주로 자원봉사자들이 운영하는 엄격한 직업훈련 프로그램을 통해 범죄자들 가운데 80퍼센트를 교정해 사회에 복귀시킬 수 있었다. 뿐만 아니라 훈련 프로그램에 드는 비용은 범죄자들을 감옥살이를 시킬 때 드는 비용에 비하면 보잘것 없는 수준이었다.

가장 커다란 변화가 일어난 곳은 미국 가톨릭교회다. 지금 어떤 교구에서는 몇 명의 여자들이 마치 '교회관리자들' 처럼, 교구소속의 교회들을 실질적으로 관리하고 있다. 신부들은 미사를 집전하고 성체를 나눠준다. 그러나 교회의 사회활동과 봉사활동을 포함한 다른 모든 것들은 교회 관리책임자의 지시 아래 '무보수 스태프' 에 의해 수행되고 있다.

모든 사회 기업가들은 제2의 사업을 첫 번째 사업이 절정에 도달하기 훨씬 전에 시작했다. 미국에서 봉사활동 자원자의 수가 폭발적으로 증가하는 주된 이유는 봉사활동의 수요가 증가했기 때문이 아니다. 자원봉사자들 편에서 지역사회를 찾고, 참여와 봉사의 기회를 찾아 나섰기 때문이다. 그들은 전문직을 가진 남편들과 아내들로서, 맞벌이 부부들이고, 30~40대 중반이며, 교육 수준이 높고, 풍요롭게 살며, 바쁜 사람들이다. 그들은 일을 즐긴다. 그들은 여기저기서 흔히 듣는 표현대로 "우리들이 효과를 낼 수 있는" 곳에서 뭔가를 해보려는 필요를 느끼는 것이다. 지역교회의 성서읽기반을 운영하든지, 흑인 아이들에게 구구단을 가르치든지, 오랫동안 병원신세를 지다가 퇴원한 노인을 방문하든지 간에 말이다. 미국의 비영리기관들이 자원봉사자들에게 해주고 있는 것은 자원봉사자들이 수혜자에게 해주는 봉사활동보다 더 중요할지도 모른다.

걸스카우트는 인종차별을 하지 않는 몇 안 되는 미국의 조직들 중 하나다. 걸스카우트 대원들은 인종이나 국적을 가리지 않고 함께 일하며 함께 논다. 그러나 걸스카우트가 1970년대에 시작한 통합활동이 보여준 가장 큰 공헌은 전 세계 전 인종의 많은 엄마들을 자원봉사자로, 지역사회에 활동하는 지도자들로 채용한 것이다.

사회 분야 속에서 그리고 사회 분야를 통한 시민정신의 발휘 그 자체가 사회의 질병에 대한 만병통치약은 아니다. 그러나 질병을 해결하기 위한 필수품일지 모른다. 그것은 시민정신의 증표인 시민적 책임을 회복시키며, 지역사회의 상징인 시민적 긍지를 심어준다. 그것을 가장 필요로 하는 곳은 지역사회와 지역사회의 조직들 그리고 시민정신이 가장 철저하게 손상당하고 사실상 거의 완전하게 파괴된 곳, 즉 과거 공산국가들이다.

과거 공산국가들의 정부는 전적으로 신뢰를 받지 못할 뿐 아니라 전적으로 무능하다. 과거 공산국가의 정부 계승자들이 체코, 슬로바키아, 카자흐스탄공화국, 러시아, 폴란드, 우크라이나, 북한 등 오직 정부만이 할 수 있는 과업들, 예컨대 통화와 조세의 관리, 군대와 법원의 운영, 외환관리 등과 같은 과업을 효과적으로 수행하는 데는 많은 시간이 걸렸다. 오직 자발적이고 지역적인 비영리조직, 즉 자원봉사자에 기초한 조직들이 부족한 부분을 보충하기 위한 리더십을 제공할 수 있다.

▌예측하지 못한 때를 위한 제2경력

자기 자신을 관리하는 것이 곧 지식근로자의 제2의 주요 관심사(second major interest)를 개발하는 것을 의미하게 된 데는 또 다른 이유가 있다. 이 세상에 인생 여정이나 근로생활에서 심각한 역경을 겪지 않고도 오래도록 살기를 기대할 수 있는 사람은 아무도 없다. 예를 들면 40세의 유능한 엔지니어가 승진에 탈락하기도 한다. 50세의 유능한 교수는 처음부터 근무한 대학에서 규모가 큰 대학으로 옮기려는 결심을 한다. 살다 보면 가족의 생활에도 각종 비극이 일어난다. 이혼도 하게 되고 아이들을 잃기도 한다.

그러므로 제2의 주요 관심사는 그저 또 다른 취미가 아니라 완전히 다른 인생을 만들어 줄 수도 있다. 승진에 탈락한 그 유능한 엔지니어는 자신이 회사에서 수행하던 그 직무에서 성공적이지 못했음을 너무 늦게 알아차렸다. 그러나 회사 바깥에서, 예를 들어 지역 교회의 자원봉사 회계책임자로서 그는 성공적으로 활동해왔고 또한 앞으로도 그럴 것 같다. 자신의 가족이 붕괴될 수도 있지만, 가족 이외에도 공동체 활동은 여전히 존재한다.

그것은 성공이 중요한 것으로 인식되고 있는 사회에서 점점 더 중요하게 될 것이다. 역사적으로 일찍이 그런 일은 없었다. 지금까지 거의 대다수 사람들은 그들만의 '적절한 정류장' 에 머무르는 것 이외에 다른 어떤 것도 기대하지 않았다. 이동하는 단 하나의 방법은 내리막길뿐이었다. 성공이란 것은 실질적으로 알려져 있지 않았다.

지식사회에서 우리는 모든 사람이 성공할 수 있다고 기대한다. 그러나 분명 그것은 있을 수 없는 일이다. 다수의 사람들로서는 기껏해야 실패를 하지 않는 정도다. 왜냐하면 성공이 있는 곳이면 실패도 함께 있기 때문이다. 그러므로 어떤 개인이 기여하는 분야, 남다른 성과를 올리는 분야, 어떤 대단한 사람이 되는 분야가 있다는 것은, 그 개인에게는 물론이고 그 가족에게도 지극히 중요하다. 그것은 제2의 분야를 갖는다는 것을 의미한다. 그것이 제2의 경력이든 평행경력이든 사회적 모험이든 간에, 지도자가 될 기회와 존경받을 기회, 성공의 기회를 제공해줄 수 있는 것이면 된다.

chapter 14

지식근로자의
성취욕과 3가지 길

▋ 인생의 후반부에도 여전한 지식근로자의 성취욕

비영리 단체들은 종종, "우리는 자원봉사자들에게 보수를 지급하지 않는다. 따라서 우리는 그들에게 무엇을 요구할 수 없다"고 말했다. 지금 그들은 아마도 이렇게 말할 것이다.

"자원봉사자들은, 정확히 말해 보수를 받지 않는 바로 그 이유 때문에 그들이 이뤄낸 성취에 대해 한층 더 큰 만족감을 느끼지 않으면 안 되고, 또한 더 많은 공헌을 하지 않으면 안 된다."

선한 의도를 가진 아마추어 자원봉사자로 출발해, 점진적으로 전문적인 무급 스태프로 변화하는 것은 비영리 부문에서 가장 의미 있는 발전이다. 뿐만 아니라 이것은 내일의 기업에게 줄 수 있는 가장 큰 교훈이다.

미국 중서부 가톨릭교회 교구는 이런 점에서 가장 앞서가고 있다. 교구는 15년 전과 비교해 신부와 수녀의 숫자가 절반 이하로 줄었다. 그런데도 교구는 그 활동을 확대했다. 예를 들어 돌봐주는 무주택자와 약물중독자의 수가 2배 이상 늘었다. 교구는 꽃으로 제단을 꾸미는 전통적인 자원봉사자들로부터 아직도 많은 협조를 받고 있다. 그러나 그것마저도 지금은 자선단체를 운영하고 교구학교의 사무를 수행하며, 청년활동과 뉴먼클럽(Newman Club), 피정활동을 조직하는 약 2,000명의 시간제 무급 스태프들이 맡아서 하고 있다.

이와 비슷한 변화가 침례교회에 소속된 교회 중 가장 규모가 크고 오래된 버지니아 주 리치몬드의 제일침례교회에서 일어났다. 십여년 전 피터 제임스 플레밍(Peter James Flamming) 박사가 교회를 맡았을 때, 이 교회는 어느 모로 수년 동안 쇠퇴하고 있었는데, 이는 오래된 도시교회의 전형적 현상이었다. 오늘날 이 교회는 다시 4,000명의 신도를 갖고 있으며, 교회 내 목회활동은 말할 것도 없고 12개의 지역사회 봉사활동 프로그램도 운용하고 있다. 교회는 겨우 9명의 유급 전일제 직원들을 두고 있을 뿐이다.

이런 발전은 결코 종교조직에만 국한되는 것은 아니다. 미국심장협회(The American Heart Association)는 규모에 상관없이 미국 전역의 모든 도시에 지회를 두고 있다. 유급 스태프는 대부분 중앙회에 근무하고 있거나, 전국을 순회하면서 현장에서 문제를 해결하는 소수의 스태프 뿐이다. 자원봉사자들이 지회를 관리하고 업무를 처리하는데, 그들은 모금업무 뿐 아니라 지역사회의 건강교육도 전적으로 책임지고 있다.

이런 변화는 부분적으로는 필요에 부응한 것이다. 성인 인구의 절반가량은 이미 자원봉사자로 활동하고 있고, 이 수가 앞으로 늘어날 것 같지는 않다. 그리고 돈은 언제나 부족하기 때문에 비영리 단체들은 유급 스태프를 늘릴 수가 없다. 비영리 단체들이 봉사활동의 가지수를 늘리려면, 자원봉사자들을 한층 더 생산성 높게 만들지 않으면 안 된다. 다시 말해 자원봉사자들에게 더 많은 일을 시키고 더 많은 책임을 지워야 한다. 그러나 자원봉사자의 역할 변화에 대한 주요한 자극은 자원봉사자들 스스로부터 우러나왔다.

많은 자원봉사자들이 관리적 업무 또는 전문적 직무 교육을 받았다. 그들 가운데는 50대로 은퇴 직전의 남녀들도 있고, 30대 중반 또는 40대 베이비 붐 세대들도 있다. 이런 사람들은 단지 협조자의 역할에 만족하지 않는다. 그들은 생업으로 하고 있는 직무수행에 있어서 이미 지식근로자들이고, 사회에 공헌하고자 하는 일에도 지식근로자가 되길 원한다. 그것이 바로 그들이 하는 자원봉사활동이다. 만약 비영리 단체들이 그런 사람들을 끌어들이고 계속 봉사해주기를 바란다면, 비영리 단체들은 그들의 역량과 지식을 봉사활동에 투입해야 한다. 비영리 단체들은 그들에게 의미 있는 성취욕구 충족의 기회를 제공해야 한다.

이런 무급 스태프들은 무엇을 요구하는가? 무엇이 그들로 하여금 계속 그 일을 하도록 하는가? 언제라도 그 일을 그만둘 수 있는데 말이다. 그들의 첫 번째이자 가장 중요한 요구는 비영리 단체가 분명한 사명을 갖고 있어야 한다는 것으로, 그 사명은 어떤 단체가 해야 할 모든 것을 담고 있어야 한다는 것이다.

어느 대규모 지방 은행의 여성 부사장은 아이가 2명이나 있는데도, 자연보호연맹의 지역 책임자 자리를 맡아 생태계가 훼손된 곳을 찾아 매입하고 관리한다. 왜 이렇게 힘든 일을 하느냐고 물으면, "내가 하는 일이 좋아서 그렇습니다. 물론 은행도 나름대로 사명이 있어요. 그러나 은행에서 하는 일이 사회에다 무엇을 공헌하는지 정확히 알기 힘들다고 해야겠지요. 자연보호연맹에서 나는 내가 무엇 때문에 일하는지 분명히 알지요"라고 말한다.

이런 부류의 사람들이 두 번째로 요구하는 것은 훈련, 더 많은 훈련이다. 그러므로 유능한 자원봉사자들을 동기부여하고 계속 붙잡아두는 가장 효과적인 방법은 그들이 가진 전문기술들을 인정해주고 그것을 신입 봉사자를 훈련하는 데 사용토록 하는 것이다. 이런 지식근로자들은 책임을 떠맡으려 한다. 스스로 생각하고 자신의 성과목표를 결정하는 일이다.

그들은 그들의 업무와 조직의 업무 전체에 영향을 미칠 의사결정 과정에 조언할 기회가 주어져 참여하기를 기대한다. 또한 그들은 승진의 기회도 기대하는데, 다시 말해 자신들이 성과를 낸 것에 비례해 좀 더 힘든 과업과 책임이 주어지기를 바란다. 바로 그런 이유 때문에 많은 우수한 비영리 단체들이 자원봉사자들을 위해 경력개발제도를 만들어왔던 것이다.

이런 모든 활동을 뒷받침하는 것은 책임감이다. 오늘날 많은 지식근로자형 자원봉사자들은 적어도 1년에 한 번씩 그들 자신의 성과를 미리 정해둔 목표와 비교해 평가받기를 바란다. 더욱이 점점 더 그들은 자신들이 몸담고 있는 단체에서 성과가 뒤떨어지는 사람은(사람은 착하지만 매사에 걸리적거리는 사람들) 아예 단체에서 떠나기를 원한다.

▌전혀 새로운 경력의 시작

그러므로 자기 자신을 관리한다는 것은 인생의 후반부를 스스로 준비해야 한다는 것을 의미한다. 그것에 대해서는 대체로 3개의 답이 있다.

첫째는 제2의 다른 경력을 막스 프랑크처럼 실질적으로 시작하는 것이다. 그것은 어떤 종류의 조직에서 다른 조직으로 이직하는 것을 의미하기도 한다. 실제로 나이가 45세에서 50세쯤 된, 자식들은 다 컸고 곧 퇴직연금을 받을 미국의 중견 최고경영자들 상당수가 병원과 대학, 혹은 몇몇 다른 비영리기관으로 옮기고 있다. 많은 경우 그들은 같은 종류의 일을 그대로 한다. 예를 들면 대기업의 경리 책임자는 중소 규모 기업의 경리 책임자로 이직한다.

그러나 실질적으로 전혀 다른 종류의 직무로 이동하는 사람들 또한 점점 더 늘어나고 있는 추세다. 미국 기독교 신학대학원 학생들의 나이는 25세가 아니라 45세다. 그들은 처음에는 기업이나 정부에서 일한 사람들이다. 이후 성직자생활로 길을 바꾸고 있는 것이다.

미국에서는 20여 년 동안 기업이나 지방정부기관에서 일하면서 중견관리자로 승진한, 나이는 45세가량이고 아이들 다 키운 중년 여성들의 상당수가 법과대학에 진학하고 있다. 몇 년 뒤 이 여성들은 그들이 사는 마을에 스스로 소규모 법률사무소를 차린다.

제2의 경력을 쌓고 있는 사람들을 앞으로 한층 더 많이 보게 될 것이다. 아마도 이들은 첫 번째 직업에서 상당한 성공을 거둔 사람들일 것이다. 이들은 실용적인 기술을 갖고 있다. 어떤 대기업의 사업본부에서 회계 책임자로 근무하다가 지방의 소규모 병원의 관리자로 이동한 사람처럼 말이다.

그들은 일하는 방법을 알고 있다. 그러나 그들은 봉사할 공동체가 필요하다. 그들의 집은 이미 자식들이 출가했기에 비어 있다. 물론 그들에게는 소득도 필요하다. 그러나 그것보다도 그들에게는 도전이 필요하다.

▌평행경력의 개발

"인생의 후반부에 무엇을 할 것인가?" 하는 질문에 대한 두 번째 답은 평행경력(parallel career)을 개발하는 것이다.

첫 번째 직업에서 성공한 대다수의 사람들은 그들이 잘하고 있는 직업에 그대로 종사하고 있다. 그들은 자신들의 주된 일에 주당 40시간에서 45시간씩 일한다. 일부는 분주한 풀타임 직업을 그만두고 파트타임으로 근무하거나 컨설턴트로 변신하기도 한다.

그러나 그때부터 그들은 스스로 평행경력을 개발하고, 대개는 비영리 기관에서 주당 10시간씩 봉사한다. 예를 들어 자신이 다니는 교회의 행정 업무를 맡거나, 지방의 걸스카우트 연맹 책임자 자리를 맡거나, 매 맞는 여인을 위한 대피소를 운영하거나, 지방의 공공도서관에서 아이들을 위한 도우미 일을 하거나, 지방 학교 이사회 이사로 봉사하기도 한다.

2008년 5월 16일 미국 언론들은 이례적으로 캘리포니아의 와인 개척자 로버트 몬다비(Robert Mondavi, 1913~2008)가 나파벨리 욘트빌 자택에서 향년 94세로 별세했다고 전했다. 영화배우 게리 쿠퍼(Gary

Cooper, 1901~1961)가 사망하자 당시 미국 대통령 케네디는 성명서를 발표하고 애도의 뜻을 표했다. 항간에서 대통령이 일개 영화배우, 말하자면 딴따라의 죽음에 대해 조의를 표한 것은 지나치다는 말이 나돌자 그는 대강 다음과 같이 말했다.

"대통령이 정치계에서 가장 높이 올라간 사람이라면, 게리 쿠퍼는 대중예술 영화계에서 가장 높이 올라간 사람이다."

와인으로 큰돈을 모은 몬다비는 88세 때인 2001년에 '와인음식예술센터'를 설립했고, 2002년에는 캘리포니아 데이비스대학교에 몬다비센터를 건설하는 데 1,000만 달러를 기부했다. 몬다비는 19세기에 건립된 나파밸리 오페라 하우스와 욘트빌 링컨센터 재건 그리고 새로운 예술학교 옥스보스쿨을 설립하는 데 주요 역할을 했다. 스탠퍼드대학교의 캔토아트센터(Cantor Arts Center)의 설립도 후원했다.

한 인터뷰에서 몬다비는 "단 하루도 그 일을 하지 않고는 못 배길, 가장 사랑하는 일을 찾아라. 즐겁게 일하다 보니 성공은 저절로 따라왔다"고 말했다. 욘트빌 자택에서 남긴 마지막 말은 다음과 같았다.

"나에게 와인은 정열의 대상이었고, 가족이자 친구였으며, 따뜻한 가슴이자 관대한 영혼이었다."

▌ 사회기업가로의 자기완성

세 번째 답은 전혀 새로운 사업 또는 벤처 사업을 하는 사람을 기업가라고 부르는 것처럼, '사회기업가(social entrepreneur)'가 되는 것이다. 이런 부류에 속하는 사람들은 대체로 그들의 최초의 직업에서 매우 성공한 사람들이다. 예를 들면 기업가로서, 의사로서, 컨설턴트로서, 대학교수로서 말이다. 그들은 자신의 직업을 사랑하지만, 그들의 직업은 더 이상 그들에게 도전의욕을 제공하지 못한다. 많은 경우 그들은 늘 해왔던 그런 업무를 그대로 계속하지만, 같은 업무를 하는데도 시간을 점점 덜 할애한다. 따라서 그들은 다른 업무를 시작하는데, 대개는 비영리 활동을 시작하게 된다.

텔레비전과 라디오 방송 사업자 밥 버포드(Bob Bufford)는 여전히 그 사업을 잘 운영하고 있다. 그리고 그는 또 미국의 프로테스탄트교회가 생존할 수 있도록 하기 위한 비영리 방송조직을 최초로 착수해 성공적으로 운영하고 있다. 그리고 지금 그는 두 번째 조직을 또 하나 만들고 있는데, 사회기업가가 자신의 본업을 여전히 경영하면서도 사적으로 비영리 벤처 사업을 관리하는 방법을 가르치는 교육기관이다.

다른 예로는 버포드와 마찬가지로 성공한 변호사의 경우인데, 그는 대기업의 법률고문으로 근무하면서 자신이 활동하는 주에서 모범이 될 만한 법률학교를 설립하는 사업에 착수했다.

'인생의 후반부'를 스스로 관리하는 사람들은 소수에 지나지 않을 지도 모른다. 대다수는 자신이 지금 하는 것을 그대로 지속하다가 때가 되면 하던 일에서 은퇴할 것이다. 지루해하고 늘 같은 일을 되풀이하고 은퇴할 날만 손꼽아 기다리면서 말이다.

오랫동안 해 온 지식근로자로서의 삶을 자기 자신과 사회 모두를 위한 기회로 인식하고, 점차 사회의 지도자로 그리고 모범으로 변신하는 것은 소수의 사람들일 것이다. 그러나 앞으로는 모든 지식근로자가 인생의 후반부를 관리해야 함을 명심하자.

01. 프리드리히 율리우스 스탈: 보수주의적 국가이론과 역사발전

   Friedrich Julius Stahl: Konservative Staatslehre und Geschichtliche Entwicklung, 1933

02. 경제인의 종말: 전체주의의 기원 *

   The End of Economic Man: The Origins of Totalitarianism, 1939

03. 산업인의 미래

   The Future of Industrial Man, 1942

04. 기업의 개념

   Concept of the Corporation, 1946

05. 뉴 소사이어티: 산업질서의 해부

   The New Society: The Anatomy of Industrial Order, 1950

06. 경영의 실제 *

   The Practice of Management, 1954

07. 미국의 다음 20년

   America's Next Twenty Years, 1955

08. 내일의 이정표: 새로운 포스트모던 세계에 대한 보고서

   Landmarks of Tomorrow: A Report on the New "Post−Modern" World, 1957

09. 기술, 경영, 사회

   Technology, Management and Society, 1958

10. 창조하는 경영자 *

   Managing for Results, 1964

11. 자기경영노트(목표를 달성하는 경영자) *

   The Effective Executive, 1966

12. 단절의 시대: 변화하는 우리 사회를 위한 지침서 *

   The Age of Discontinuity: Guidelines to Our Changing Society, 1968

13. 인간, 아이디어, 정치

   Men, Ideas and Politics, 1971

14. 매니지먼트: 경영의 과업, 책임, 실제 **

   Management: Tasks, Responsibilities, Practices, 1973

15. 보이지 않는 혁명 – 어떻게 연금기금 혁명이 미국에서 일어났는가?

   The Unseen Revolution—How Pension Fund Socialism Came to Ameriaca, 1976(1977 재판)

16. 경영학 서설

   An Introductory View of Management, 1977

17. 경영 사례

   Management Cases, 1977

18. 사람과 성과

   People and Performance: The Best of Peter Drucker on Management, 1977

19. 방관자의 모험

   Adventures of a Bystander, 1978

20. 붓의 노래

   Song of the Brush: Japanese Painting from the Sanso Collection, 1979

21. 격변기의 경영

   Managing in Turbulent Times, 1980

22. 새로운 경제학에 대해

   Toward the Next Economics and Other Essays, 1981

23. 변모하는 경영자 세계

   The Changing World of the Executive, 1982

37. 에센셜 드러커: 프로페셔널의 조건 · 변화리더의 조건 · 이노베이터의 조건 *

The Essential Drucker: In One Volume the Best of Sixty Years of Peter Drucker's Essential Writingson Management, 2001

원제는 《에센셜 드러커》이지만 일본과 한국에서는 《프로페셔널의 조건》 《변화리더의 조건》 《이노베이터의 조건》 《미래경영》으로 분리 출판되었다

38. 넥스트 소사이어티 *

Managing in the Next Soceity, 2002

39. 경영의 지배 *

A Functioning Society: Selections from Sixty—Five Years of Writing on Community, Society and Policy, 2003

* 필자가 번역한 책, ** 필자가 감수한 책, *** 필자가 번역 중인 책

피터 드러커의 인간관

지식근로자

지은이 ㅣ 이재규
펴낸이 ㅣ 김경태
펴낸곳 ㅣ 한국경제신문 한경BP
등록 ㅣ 제 2-315(1967. 5. 15)

제1판 1쇄 발행 ㅣ 2009년 11월 25일
제1판 2쇄 발행 ㅣ 2010년 1월 15일

주소 ㅣ 서울특별시 중구 중림동 441
홈페이지 ㅣ http://www.hankyungbp.com
전자우편 ㅣ bp@hankyung.com
기획출판팀 ㅣ 3604-553~6
영업마케팅팀 ㅣ 3604-595, 555   FAX ㅣ 3604-599

ISBN 978-89-475-2730-9   03320
      978-89-475-2729-3(세트)
값 12,000원

파본이나 잘못된 책은 구입처에서 바꿔 드립니다.